Idea man

Idea man

改變人生的
持——續——術

|暢銷新版|

30日で人生を変える
「続ける」習慣

習慣化諮詢顧問
古川武士
Takeshi Furukawa
陳美瑛 譯

人是被習慣所塑造的，
優異的結果來自於良好的習慣，而非一時的行動。

亞里斯多德

前言

培養的好習慣越多，人生就會開始走向成功之路

雖然很唐突，不過請各位先檢視以下各個項目，想想自己是否為了怎麼都難以「持續」這些行動而感到困擾？

- 閱讀
- 考證照
- 學語文
- 整理
- 寫日記、部落格
- 記帳
- 存錢、節約
- 減重
- 慢跑
- 早睡早起
- 戒菸

在以上這些項目中，是否有你曾經挑戰過卻宣告失敗的「習慣」呢？

對於大多數人而言，「持續」是一項艱難的課題，也是無窮盡的煩惱來源。例

如，以減重這個項目來說，雖然每年市面上都會出版許多減重相關的書籍，不過還是會有許多讀者不斷追尋新的減重方法。

反過來說就是，有人不管嘗試任何減重方法都會失敗，所以就成為每年減重書籍的「忠實讀者」。

任何人都想持續做某件事。

然而，現實中能夠持續的人真的微乎其微。

●別再依賴緊急應變措施了，磨練你的「習慣化」能力吧！

本書不是教讀者如何持續用功、整理、減重或早起等特定習慣的書籍，教導讀者培養「**習慣化**」能力（**「持續」的習慣**），才是本書的目的。

所謂習慣化的能力，指任何習慣都能夠持續得像每天刷牙般的理所當然。有些人每每興起培養某種習慣的想法，就會買工具書或看電視節目，學習其中的技巧。不過，在我看來，這種做法只不過是緊急應變措施而已。

不過，如果擁有「習慣化」能力的話，任何事都能夠確實持續。

透過研習、研討會、諮詢等方式，每年都會接觸四千多人的我，可以做出簡短的結論，那就是——擁有「習慣化」能力的人，無論是減重、用功或運動等，任何事都能夠持續下去。相對的，沒有這種能力的人，不管做什麼事都只是三分鐘熱度而已。

大多數擁有「習慣化」能力的人，會順利度過失敗時期或面對的陷阱，也透過親身體驗瞭解提高動力的訣竅。

以艱深一點的說法來解釋的話，就是因為他們明白「習慣化的原則」，所以無論培養什麼習慣，他們都具有應用能力以及應變的彈性。

● 我也曾經是做什麼都不持久的「急性子」

我現在自稱為「**習慣化顧問**」，幫助個人或企業培養「持續」力。不過，一直到五年前為止（本書在日本於二〇一〇年出版），可以說我自己都還是個做任何事都不會持久的人。
舉例來說，我一心想要自我成長而開始參加各種課程，如英語會話、商業講座、社會人讀書會等等約二十多種，但是大部分的課都上到一半就荒廢了。
另外，因為興趣而參加的高爾夫球教室、繪畫班、烹飪課程等，也都持續不到兩個月。
因為我曾經就是那樣的人，所以我是健身房的長期幽靈會員。說要減重，卻只是嘴巴說說，體重不僅連一公斤都沒減到，還不斷地增加。有一年還增加將近七公斤的體重。
戒菸或早起等習慣更是挑戰過十次以上，不過幾乎都在兩週內就宣告失敗。我以前真的是一個「超沒耐性」的傢伙。
當時的我認為「不持續」是個人性格或意志的問題，對於那種做任何事都孜孜不倦持續的人，或擁有堅強意志的人，覺得超羨慕的。

●透過研究而發現「習慣化」的技巧

我之所以會注意到「習慣化」，是因為我透過訓練而接觸到超過一百位優秀的經營者或商業人士，發現毫無例外地，這些人都擁有許多好習慣，也擁有「習慣化」的能力。

因此，我開始著手進行研究，有系統地整理「**習慣化的方法**」，並將其化為理論。讓這個方法都能適用於任何人、任何習慣，而不僅限於個人或感覺。這個方法是以我的專業訓練以及ＮＬＰ（神經語言程式學：Neuro-linguistic Programming）的心理學為基礎。

另外，我也訪問擅長培養習慣與不擅長培養習慣的人，篩選出以下兩種「習慣化的重點」。

①習慣化的過程（化為習慣之前的過程）

擅長培養習慣的人從經驗中瞭解容易失敗的關鍵，並巧妙地度過失敗的難關。

②持續的關鍵（為了持續而激發幹勁的訣竅）

擁有持續力的人知道管理自己熱情的訣竅。

反過來說，不擅長習慣化的人完全無法做到以上兩點。

因此，我從這兩個重點找出培養習慣之前的各個階段並加以系統化，也找出「持續開關」，重新整理能夠持續習慣的訣竅，而這就是「習慣化的方法」。

雖然我以前是那麼沒耐性的人（現在也很沒耐性，但能夠持續），不過，這五年來我已經培養了五十二種習慣，而且幾乎毫無失敗。

另外，我現在每年大約要為四千人進行企業研習或演講，在這當中，我經常會要求學員實踐「習慣化方法」，檢驗實踐後的效果並且不斷更新，讓此方法更具有廣泛性。這也就是本書歸納的方法論。

相信你也一定能夠透過實踐本書的內容，將學習的事物「習慣化」。

●培養「持續」的習慣就能夠改變人生！

本書的書名是《改變人生的持續術》，我認為**持續良好的行動並將此行動化為習慣，就能夠改變人生**。

五年前，我的工作或私人生活都處於非常不順遂的狀態。不過，自從我培養五十二項習慣之後，現在不僅成立自己的公司，也能夠自由地從事自己喜歡的工作，過著充實的生活。現在，我的人生無論在經濟上或精神上，都感到相當的滿足。

職棒選手鈴木一朗在美國大聯盟創下連續十年擊出二百支安打紀錄，他最廣為人知的是，從棒球練習課程、飲食習慣到生活步調等，每天都透過自己獨特的習慣進行自我管理訓練。

鈴木一朗不僅具備優秀的才能，也擁有相當卓越的習慣化能力。無疑地，這樣的能力支持他能夠長期持續地創下佳績。

運用複利的驚人力量

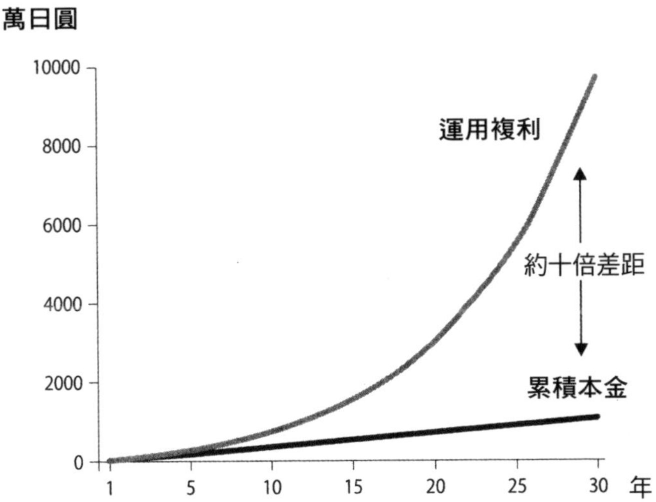

年數	累積本金（日圓）	運用複利（日圓）
1	360,000	403,200
2	720,000	854,784
5	1,800,000	2,561,468
10	3,600,000	7,075,650
15	5,400,000	15,031,181
20	7,200,000	29,051,545
25	9,000,000	53,760,216
30	10,800,000	97,305,338

我想各位應該都知道「**複利運用**」的方法。

假設你每個月存三萬日圓，期間長達三十年，總計可以存下一千零八十萬日圓。退休後，這樣的金額大概可以買一間中古的公寓房子。

不過，同樣是存三萬日圓，卻是以複利的方式儲蓄的話，結果又會是如何呢？假設我們把這筆錢投資到年利率十二%的金融商品並且利用複利運作，結果就會如前頁的圖表所示，三十年後的投資結果是九千七百三十萬五千三百三十八日圓。兩者相差十倍之多。就如各位所看到的那樣，兩者的差距從中途開始就越拉越大。

對我而言，培養習慣就像是「複利運用」一樣。花三十天培養「好習慣」對你而言就是「本金」。利用「複利運用」操作本金，而非單純地累積儲蓄金額，總有一天你會得到爆發性的回饋。

另外，希望各位利用「習慣化的方法」培養無數個習慣，而不是只有一項習慣。假如每個月各培養一個好習慣，持續五年之後，你就擁有六十個好習慣了。

就像這樣，**培養「複數」個好習慣會產生「複利效果」，你的人生也會驟然改**

變。

有句話說「習慣是人的第二天性」，可見習慣對我們的影響有多大。就算天生不夠聰明伶俐，但是如果你培養好習慣的話，也會得到優異的結果，拉開你與他人的差距。

●透過本書學會的四件事

閱讀本書之後，你應該能夠學會四件事。

①瞭解「無法持續」的理由

↓一旦瞭解無法持續的理由，從壓力與自我厭惡中解放出來，你就能夠更加理解習慣化的方法。

②能夠掌握習慣化的過程與對策

↓能夠瞭解培養習慣時，各種導致失敗的陷阱，並且巧妙地避開失敗。

③能夠發現自我持續的訣竅

↓能夠瞭解適合你自己的持續訣竅，建立持續的機制，繼而提高動力。

④能夠確實感受習慣帶來的奇蹟

↓本書安排了實際案例與實用專欄，讓讀者能夠感受到習慣帶給人的影響。

如果本書能夠成為你培養「持續」習慣的參考手冊，本人當甚感欣慰。

古川武士

目錄 CONTENTS

第2章

順利培養「持續」習慣的三階段

第3章

十二個持續開關，讓你遠離失敗

第4章

任何人都能夠持續的六個成功故事

第1章

為什麼你不能持續？

人生命運否泰分明的兩個上班族

首先，讓我告訴各位吉田先生與新井先生的故事。這兩位是完全不同類型的上班族，你覺得你屬於哪種類型的人？

●性急男．吉田先生的故事

吉田先生對於網路的發展動向非常敏感，也充滿旺盛的挑戰精神。

二〇〇三年，社會上正流行利用電子報作為傳送資訊的工具時，吉田先生也跟上這股風潮。他以自己的專業領域「業務力」為主題發行電子報。最開始的目標是每天發行電子報。雖然持續進行了一星期，但是後來因為繁重的加班工作，於是改為隔日發行，接下來變成休三天發行一天。最後，因為覺得太麻煩了，乾脆放棄發行電子報的想法。

接著到了二〇〇四年，吉田先生又搭上寫個人部落格的流行風潮，決定每兩天一次發表自己的業務活動日誌。一開始覺得很新鮮，所以持續了三週左右。不過，逐漸地內容更新的頻率降低，到了第二個月就完全不再更新了。

同樣地，他也搭上二〇〇六年社群網站的風潮，早早就到日本最具代表性的社群網站mixi註冊，連結了高中時代的朋友、工作上的朋友等，總共增加了將近一百位連絡人。不過，後來又感覺膩了，最近也都不再登入了。

到了二〇〇九年，吉田先生又開始投入大家熱衷的推特（現已改名為「X」）網站。他認為推特發行的訊息量比部落格少，所以應該可以持續下去，所以才想試著挑戰看看。結果，跟以前一樣，登入的次數逐漸減少，才三個禮拜就不太更新，最近也幾乎看不到他的留言了。

持續男．新井先生的故事

另一方面，吉田先生的同事新井先生，在二〇〇三年也跟吉田先生一樣，彙整時間管理的技巧，並發行電子報。由於事先就評估每天發行的工作量太大，所以目標設定一週發行三次。雖然第一個月的人氣只有三十人次，不過卻收到讀者感謝的留言。本來就很擅長持續的新井先生，一年總共發出一百六十份電子報。一年過後，不僅獲得讀者的好評，也出現想上門請教的粉絲。因此，新井先生對於讀者的提問也能夠仔細地回答。

到了第三年的某一天，有讀者為了想提高個人的工作效率，委託新井先生擔任他的個人諮詢顧問。當時，公司也允許員工可以在外經營副業，故新井先生每個月僅收取五千日圓的諮詢費，透過電話進行諮詢工作。這時，新井先生初次嚐到獨立接案的喜悅。

進入第五年之後，某商業雜誌提出採訪的邀約，針對時間管理的主題訪問新井先生。雖然採訪的記事只有小小的篇幅，也沒有登出受訪者的相片，不過，能登上

媒體版面已經是意料之外的收穫了。

另外，由於訪問的效果發酵，個人委託的諮詢案件也增加了。再加上客戶的口耳相傳，即便一個月的收費提高到三萬日圓，也累積了十個客戶。新井先生利用電子報介紹諮詢案件與客戶的諮詢過程，其中的內容深得讀者的同感，讀者數膨脹到一萬三千人左右。

到了第七年，某家大出版社的編輯前來邀稿，希望能把新井先生的電子報內容集結成書籍出版。由於電子報的總發行份數總共有一千一百四十二份，所以書本的內容來源不虞匱乏。對於新井先生而言，出版書籍曾經是他的夢想，所以他二話不說就答應了。三個月後，新井先生的書就陳列在書店的架上販售。

從那時起，所有的事情一下子運作得很順利。有書本的讀者委託諮詢，也有公司委託舉辦演講、研習課程等。另外，電子報的讀者數躍升到三萬二千人，這時也出現企業的廣告委託。甚至，有三家出版社主動提出希望出版第二本書。

當時新井先生以公司的工作忙碌為由拒絕，但是後來覺得這是只有自己才能提供的價值，因此新井先生辭掉公司的工作，自行創業。獨立創業讓他的收入遠高於以前上班族的收入。

●小小的行動產生「複利」的結果

持續七年發行電子報，新井先生的收穫如下所示：

- 個人品牌（時間管理專家）
- 三萬二千人的電子報讀者
- 累積了時間管理的知識技巧
- 雜誌採訪的實際經驗
- 十位個人諮詢客戶（三十萬日圓／月）
- 企業研習．演講（四十萬日圓／每月三～四次）
- 廣告收入（十萬日圓／月）
- 出版書籍的實際成績

●自己創立的公司

新井先生的案例絕非誇大。雖然這是實際存在的數個案例綜合而成的故事，不過，實際上堅持某件事而成功的案例真是不勝枚舉。

另一方面，吉田先生又是如何呢？開始做一件事不久就放棄，如此周而復始，過了七年之後什麼也沒留下來。既沒有累積個人的信用，也沒有累積實用的知識技巧。

從這兩個案例可以學到一個重點，那就是習慣所產生的效果會透過「**複利**」而產生驚人的發展。就算是

能夠持續做一件事的人會成功

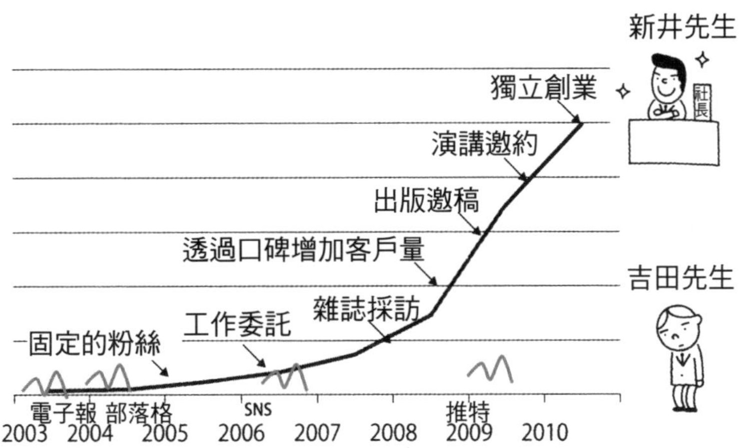

小小的行動，一旦重複累積，成果就會產生等比級數的成長。還有，小小的行動最初可能成長緩慢，但是到了某個時期就會產生爆發性的成果。問題在於大多數人都等不到那個時候，就已經先放棄了。

鈴木一朗在美國職棒大聯盟創下一年最多安打紀錄時，說了這麼一句話：「獲取驚人成果唯一的途徑，就是重複每一個小步驟。」

這句名言正說明了「習慣化」的力量！

就像刷牙般輕鬆地持續，這就是「習慣化」

所謂習慣化就是「**不依賴意志或毅力，把自己想要持續的事物導引到有如每天刷牙般輕鬆持續的狀態**」。總之，保持行動自動地持續進行，就是「習慣化」。

各位當中，應該沒有人對於每天刷牙感到痛苦吧。而習慣也不僅限於刷牙這件事，舉凡運動、整理、節食、節約、寫日記、用功念書、早睡早起等等，只要養成習慣，任何事都可以自然地持續下去而感覺不到絲毫壓力。

我們在不知不覺當中養成了好多習慣。就如後面所列的，記錄了某位上班族一天中所做的習慣性行為。

當然，這個上班族每天的行動多少有些差異，不過他幾乎每天都依循著這些已經「習慣化」的模式度過一天。

同樣地，我們在工作、私人生活的每個場合中，也都採取了已經成為習慣的行動，可以用「習慣的生物」來形容。

世界知名的自我啟發大師博恩．崔西（Brian Tracy）在他的《焦點》（*Focal Point*）一書中，說了以下這段話：

「**你的所有行動幾乎都是，或者至少有九十五％，是由你自己本身的習慣所決定的**。從早上起床到晚上就寢為止，習慣控制著你的言行或對旁人的反應。在人生中成功的人都是『在一生中培養了較好的習慣』（中略）。所謂習慣就是對於外來的刺激做出無意識的反應，或是條件式的反應。無論如何，當身體學會某種行動，不用思考或努力就可以輕鬆做出反應，這就是習慣。一旦某種行動化為習慣，就可以在無意識中進行控制（中略）。一旦化為習慣，就可以透過較少的勞力獲得較大的成果。」

心理學也說人類有九十五％的行動是在無意識中進行的，而大部分的無意識行

一整天無意識地重複的習慣案例

- 早上六點半起床
- 早餐吃飯糰
- 悠閒地看三十分鐘的電視
- 七點半出門
- 依照既定的通勤路線上班
- 搭上七點四十五分的電車

- 八點四十分抵達公司
- 立刻檢查電子郵件並回信
- 到熟悉的店家吃中飯
- 飯後在咖啡店喝冰咖啡
- 下午七點下班
- 回家途中在便利商店買晚餐與配酒的小菜
- 回家後馬上先洗澡

- 一邊吃飯一邊看電視
- 晚上九點打電話給朋友，聊三十分鐘左右
- 一邊看書一邊聽音樂
- 晚上十二點上床睡覺

動都是透過習慣所產生的。

大腦自然地「習慣化」

那麼，為什麼人會產生習慣化的現象？

原因是我們有意識所做出的行為，其實是有界限的。

如各位所知，人的意識分為表意識與無意識。我們的表意識一次只能做一件事。

例如，我們沒辦法一邊念英文一邊念數學，也無法一邊認真地工作一邊規劃暑假的行程。

另一方面，我們可以一邊思考一邊騎自行車，也能夠一邊吃飯一邊看電視。這是因為這些動作就算沒有特別意識去做，大腦也會記得手腳的動作順序而自然地做出行動。

從以上的例子可以說明，習慣就是把重複的行動化為無意識的行動（自動化）。對於重複的行動不使用表意識，而把行動化為無意識的自動狀態，這就是所謂的習慣。

習慣究竟是什麼呢？其實習慣就是在腦中設定的程式。

從早上起床的時間到通勤路線、用餐時間等等，大腦每天光是花時間計劃這所有的事情，一天就結束了，根本沒有多餘時間做其他的事。於是，大腦設定了一套程式，把固定期間重複的行動化為無意識的重複動作。這就是習慣的真面目。

在這裡，要瞭解的一項重點是，對於大腦而言，沒有所謂的好習慣或壞習慣的分別。

以大腦來看，這只是在一定期間內重複進行某項行動而形成的習慣動作而已。無論好習慣或壞習慣，身體都會記憶這項行動。反過來說，如果連這點都能注意到的話，「習慣化」就會是自動持續某項行動的完美程式，也是一支能夠以較少的努力就能夠得到期望結果的「魔棒」。

被動地被習慣支配或是巧妙地主動運用習慣，我們都可以自由選擇。

如果好好地運用習慣，將得到以下的好處，也能夠獲得充實的人生。

- 在工作上獲得成果
- 增進良好的人際關係
- 獲得健康的身體
- 增加收入
- 對社會有所貢獻

產生三分鐘熱度的「習慣引力」究竟是什麼？

那麼，為什麼我們無法把自己想持續的事物化為習慣呢？

簡單來說，那是因為人類「**具有對抗新變化、維持現狀的傾向**」之故。

讓我再詳細說明一下吧。

面對環境變化時，生物身體會把生理狀態維持在某一固定的狀態下，稱為「體內平衡」（homeostasis）。我們因應外在的變化保護自己的身體，透過這樣的方式生存下去。

以體溫為例好了。

人類的正常體溫為三十六點五度。就像這樣，身體平常一直維持在正常體溫的狀態。不管氣溫是高到攝氏四十度的酷夏，或是低到攝氏零度的寒冬，我們的身體也不會受到環境變化的影響，而會維持在正常的體溫。

另外，因感冒而發燒時，身體也會利用出汗的方式，拚命地冷卻身體以調降體溫。也就是說，身體經常努力地保持在正常體溫的狀態。

另外，以性格為例。

你是什麼樣性格的人呢？如果你的性格不斷改變，將會出現什麼情況呢？

例如，早上遇到非常善於社交的人，受到對方的影響就成為非常具有社交性格的人。接著遇到容易擔心的人，聽到對方煩惱的事，自己也變得凡事都放心不下。或是與強勢的人溝通，自己也變得具有攻擊性。若是這樣的話，你會變成怎樣的人呢？

不管是身體或心理狀態，如果不能維持在固定狀態的話，就會被變化的波動影響。對於人類而言，保持固定的狀態會感覺比較舒適，變化則被視為一種威脅。

我認為習慣化的過程（或說是「體內平衡」）也是一樣。正因為身體對於培養新習慣的這種變化感受到威脅，所以大多數人對於新事物都是三分鐘熱度而無法勤奮地持續，最後就導致失敗。

本書稱這樣的運作為「**習慣引力**」。
習慣引力具有兩種功能：

功能一——抵抗新變化

如前面所解釋的，培養良好習慣（整理、運動、減重等）也一樣，變化就是變化。因此，一旦打算培養新習慣，身體就會開始產生反抗，試圖不被新的行為影響。這就是人會產生三分鐘熱度現象的內部機制，也是「習慣化」之所以會這麼困難的原因。對於人類而言，倒不如說中途失敗才是正常情況呢。

功能二——維持現狀

一旦大腦認定某項行動跟往常一樣，現在就會拚命地維持這項行動，這也是習慣引力的功能。抽菸、飲食過量等壞習慣很難改掉，就是因為大腦認為這項習慣「跟往常一樣」所致。

另一方面，一旦大腦認為某項好習慣「跟往常一樣」，之後就能夠簡單地維持。

因此，若想要將某項行動化為習慣的話，只要持續新習慣一直到大腦認為這項習慣「跟往常一樣」就好了。這是迎合人類心理的方法。

習慣引力的兩種功能

功能一：抵抗新變化

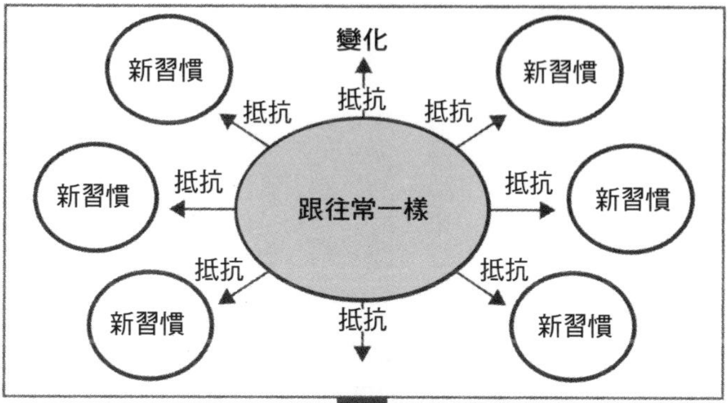

好習慣很難培養起來

功能二：維持現狀

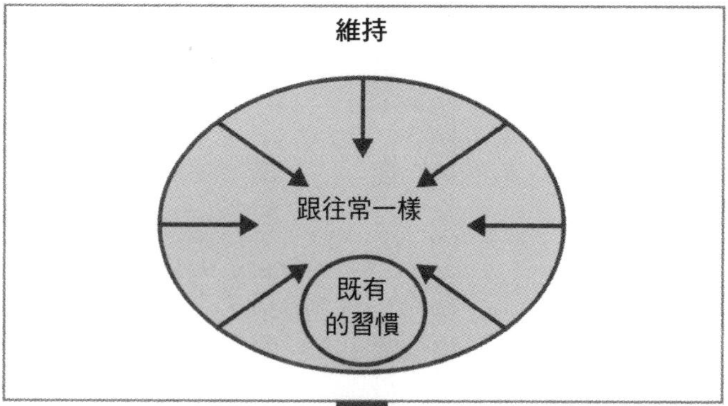

壞習慣無法改掉

持續到大腦認為「跟往常一樣」的話，就成為習慣了。

持續多久之後能夠「習慣化」？

前面提過，習慣引力的功能之一是「抵抗新變化」。那麼，若想要戰勝這樣的抵抗，培養新習慣的話，需要多久時間呢？

關於習慣化所需的時間有各種說法（二十一天說、一個月說、三個月說、六個月說）。不過，以結論來說的話，**所需時間的長短依照想培養的習慣種類而定**。這是因為習慣不同，習慣引力作用的強度也不一樣。

舉例來說，以下三種習慣有可能在相同期間培養出來嗎？

❶寫日記的習慣；
❷減重的習慣；

❸正向思考的習慣。

在大家的認知裡，每種習慣的難易度（也就是習慣引力的強度）各有不同吧。

因習慣引力所產生的抵抗強度依著行為程度的變化、身體程度的變化、思考程度的變化而大有不同。若是小小的行為程度變化，抵抗會較小。不過，如果身體覺得思考程度變化很大的話，伴隨而來的就是較大的抵抗。

培養新習慣會有不同程度的變化，因應變化程度的不同，習慣化所需的時間也各有差異。

程度一——行為習慣

這意味著每天的日課或行為習慣。例如，用功、寫日記、整理、節約、記錄家庭收支等習慣。

這些行為習慣根據工作或生活環境不同，可能需要比較具有彈性的變化，所以對人類而言，也可以說是好的變化。

習慣化的期間大約需要一個月。

程度二——身體習慣

這是與身體節奏相關的習慣。例如，減重、運動、早起、戒菸、肌力訓練等習慣。

相較於行為習慣的變化，身體習慣的變化對人的影響較大。

習慣化的期間大約需要三個月。

程度三——思考習慣

這是與思考．性格相關的習慣。例如，邏輯性思考能力、創意能力、正面思考以及紓壓思考等習慣。

思考．性格程度的習慣與當事人的本質有關，所以對於變化所產生的抵抗也最強烈。

習慣化的期間大約需要六個月。

如上所述，配合不同的變化程度，習慣化所需要的時間也有所不同。

●本書探討的習慣

本書主要探討的習慣是以工作或私生活中必須培養的大部分習慣，也就是「程度一」的行為習慣。

不過，我想讀者對於「程度二」的減重或早起等習慣也會有興趣，所以在第四章將會稍微提及。請注意，習慣養成的期間與階段是不一樣的。

關於「程度三」的思考習慣，等下次有機會再以專書介紹。

習慣的三種分類

程度❶ 行為習慣	·期間：一個月 ·用功、寫日記、整理、節約等
程度❷ 身體習慣	·期間：三個月 ·減重、運動、早起、戒菸等
程度❸ 思考習慣	·期間：六個月 ·邏輯思考能力、創意能力、正面思考等

三個階段就可以躍入「習慣化的太空世界」

在這個單元裡，我將介紹培養行為習慣的三個階段。

暢銷書《與成功有約》（*The 7 Habits of Highly Effective People*）將太空船阿波羅11號的發射過程形容如下：

「火箭升空最初數分鐘、數公里之間所耗費的能量遠多於後來幾天、約七十萬公里旅程所花費的能量。」

「習慣化的過程」就類似發射火箭的過程。

發射火箭時最困難的部分就在於穿過大氣層。穿破大氣層需要龐大的能量，這是因為火箭會被地心引力拉回地面的緣故。不過，一旦火箭進入太空，就脫離地心引力的影響，只需少許的能量就能夠前進。

把這樣的現象套用在習慣上的話，地心引力就是習慣引力。總之，只要有機可乘，會讓人停止前進的力量就是引力。

因此，突破大氣層之前的過程就如同習慣化的過程。太空就像是已經習慣化的狀態。

也就是說，**一旦習慣化之後，只需極少的勞力就能夠持續進行**。這與火箭只需少許的能量

習慣化的過程

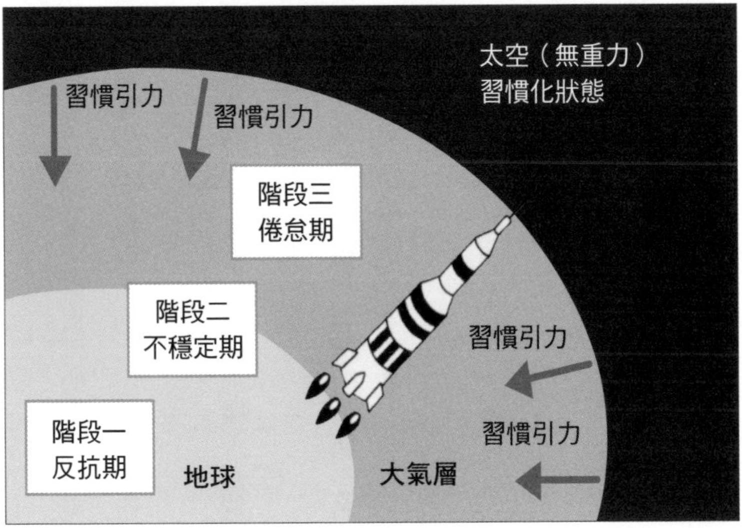

就能夠在無重力狀態的太空中前進一樣。

為了有效率地突破大氣層，火箭的設計相當精密。同樣地，習慣化的過程也需要縝密的設計。如果隨隨便便開始行動，極有可能會因為習慣引力的作用而遭受挫敗。

訪問培養習慣的成功者與失敗者，可以發現就如同火箭突破大氣層一樣，在習慣養成之前會有三個大難關阻礙眼前。

本書將這三大難關分為培養行為習慣的三階段。關於此三階段與應對方法，將於第二章詳細說明。

- **階段一　反抗期：馬上就想放棄**
- **階段二　不穩定期：被預定事項或他人影響**
- **階段三　倦怠期：逐漸感到厭煩**

最初的七天會有四十二%遭受失敗

接受我習慣化諮詢的客戶中，有一百五十位客戶接受我的訪問。當我問他們「大約是在哪個時期失敗？」，其回答如下：

- 階段一　反抗期（一天～七天）四十二%
- 階段二　不穩定期（八天～二十一天）四十%
- 階段三　倦怠期（二十二天～三十天）十八%

在這裡應該注意的是，**我稱為「反抗期」的最初七天，其失敗率竟然高達四十二%**。

「不穩定期」的四十%一樣很高，不過這段期間長達十四天。相對的，反抗期只有七天卻有四十二%的失敗率，顯見這是相當高的失敗率。

我們經常說三分鐘熱度，可以說從一開始到第七天為止是最大的難關。如果更進一步地突破不穩定期，你的習慣化就成功了約八成左右。

持續下去就會出現奇蹟

我以五個「If」探討「如果」持續某項習慣的話，會得到什麼結果。請確實感受一下習慣所帶來的效果，以及你的目標習慣會為你的未來帶來什麼好處？

If——假使每天閱讀三十分鐘，持續三年後，結果會如何？

結論：你能夠獲得某個專業領域的最高知識。

說明：如果每天持續閱讀三十分鐘，一個月則為九百分鐘，等於每個月花十五個小時在閱讀上。假設讀完一本書需時三小時，一個月就能夠看五本書，三年就是一百八十本。如果你密集且持續鑽研某個專業領域（業務、軟體工程師、會計、總務、行銷等）的話，就能夠成為該領域的專業人士。

另外，有效利用每天吸收的知識，改善每天的工作效率，這樣的結果也會產生差異。每天只花三十分鐘，培養專業領域的閱讀習慣，你覺得如何呢？

Ｉｆ二——假使從三十歲到退休為止，每個月持續投資三萬日圓，結果會如何？

結論：到退休為止有可能累積龐大資產。

說明：在「前言」中也提到過，假如你現在三十歲，到退休為止的三十年之間，每個月儲蓄三萬日圓並投資在年報酬率十二％的金融商品，三十年之後你就擁有九千七百三十萬五千三百三十八日圓的財富。雖然本金累計投入一千零八十萬日圓，但是利用複利的方式，結果成長了十倍之多。

本書不詳細解說資產的運用，也不提出不必要的建議。不過，如果你從三十歲開始就腳踏實地存錢的話，將來就有可能成為億萬富翁。

Ｉｆ三——假使每週提高工作效率三％，持續五個月之後，結果會如何？

結論：你能夠準時下班，也能夠增加休閒或自我成長的時間。

說明：假設你每週改善工作方式，提高工作效率三％。由於只有三％，所以就算是非常瑣碎的小事也無所謂。例如減少上網的時間、會議提早十分鐘結束、每天開始工作前擬定這天的工作計劃等。

提高工作效率三％持續五個月（二十三週）之後，總計每週花費一百個小時完成的工作可以減少五十個小時。光是提高工作效率三％也會產生「複利」的效果，所以二十三週之後，工作的產能就會成長一倍。也就是說，這時只要付出一半的時間，就能夠獲得相同的工作成果。

因此，假設每天需要工作十二個小時（包含四小時加班時間）的勤勞上班族，也能夠在下班時間之前完成工作準時下班，同時還多出兩個小時提高生活品質（為了讓讀者容易明白，所以在此不論休息時間）。

如上所述，累積小小的改進就會產生大大的成果，這種做法就跟豐田汽車（TOYOTA）的「持續改善」（Kaizen）政策一樣。

If四──假使每天練習英文聽力十五分鐘，持續一個月之後，結果會如何？

結論：可以不用透過字幕就看懂一部自己最喜歡的外國電影。

說明：為許多企業提供英語課程的ＩＤＥＡ公司的傑森．塔基（Jason Durkee）老師表示，英文聽力若透過以下五個步驟學習，將會獲得很大的成效。

①閱讀英文書籍；②看日文字幕聽內容；③看英文字幕聽內容；④複誦對白；⑤以相同的速度複誦。

若是電影的話，每天以三分鐘的劇情為題材進行練習，大約花十五分鐘就可以完成以上五個階段。這麼一來，三分鐘的劇情就可以不用字幕的輔助而看得懂，若是短一點的電影，每個月就可以看完一部電影而不用看字幕。以我個人的經驗來說，不用透過字幕而看懂一部外國電影非常有成就感。由於是以自己喜歡的電影為題材，所以可以一邊學習一邊欣賞電影。

If五——假使每天少吃一種零嘴，能夠做什麼？

結論：可以認養貧困地區的小孩。

說明：假設你每天固定花一百五十日圓買零食吃。若是把這一百五十塊錢節省下來，三十天就有四千五百日圓。在日本世界展望會（World Vision Japan）這個NGO (Non-Government Organization；非政府組織）機構，只要每個月捐四千五百日圓就可以認養一個貧窮地區的小朋友。

我自己就認養一位名為Myankai的蒙古小朋友。一旦成為認養人，展望會就會寄來小朋友寫的信或卡片以及成長報告。像這種心靈上的交流，會更增添生活上的充實感。

以「農業眼光」撒下習慣的種子

在自然界中，耕土、播種、澆水，用心培育之後，才能有收割。人生其實也跟自然界一樣，然而，人們卻很容易受到簡單的知識技巧或講究實用性的書籍影響，而一味地追求「收穫」。其實，無論是工作或私人生活，若想要獲得「豐富的果實」，必須中、長期地不斷培育「習慣的種子」。

我稱這種觀點為「**習慣的農業眼光**」。

菠菜與玉米或柿子等農作物的生長期完全不同，有短期就可收成的農作物，也有中長期才能結果的農作物。但是，播下不同生長期間的種子才有可能獲得豐富的成果。

舉一個例子來說好了。

很久很久以前，某個村莊裡有兩名農夫。

其中一個農夫只大量種植馬鈴薯、蘿蔔、菠菜、小松菜、小黃瓜、茄子等三十天~九十天就能收割的蔬菜。這些蔬菜的收穫量既可以填飽農夫家人的肚子，也能夠分給左鄰右舍。

另一個農夫也一樣種馬鈴薯、蘿蔔、菠菜、小松菜、小黃瓜、茄子等短期可收穫的蔬菜，不過，他只撥出六十%的時間種植這些蔬菜。另外，他同時也撥出三十%的時間種植南瓜、洋蔥、牛蒡、大蒜以及哈密瓜、西瓜、草莓等，約半年才能收穫的蔬菜、水果。最後，他用剩餘的十%時間種植需花數年才能收穫的柿子、桃子、蘋果等樹木。

五年後，兩名農夫家的餐桌上的菜色就完全不同了。

只注重眼前收穫的農夫家的餐桌上，一樣僅限於短期收穫的菜色，所以食材沒有變化，營養也不均衡。

另一方面，考慮短期・中長期均衡收穫的農夫家的菜色，不僅有青蔥、蘿蔔、玉米、番茄等蔬菜，還有柿子、哈密瓜、草莓、桃子等水果。

以長期的眼光培養習慣

兩名農夫之間產生如此大的差別，原因可以說是在於有沒有「眼光」。結合短期收穫的農作物與長期收穫的農作物，以實現豐富的飲食內容。如果具備這樣的眼光，就會播下各種不同作物的種子。

習慣也是一樣。有可以馬上得到結果的習慣，也有三～十年才看得出結果的習慣。希望各位讀者能夠與獲得豐富收穫的農夫一樣，**擁有中長期的眼光，培養各式各樣的好習慣**。

若要達到這樣的結果，必須先清楚確定自己五年、十年後想成為什麼樣的人？想達成什麼夢想？工作上想得到什麼樣的成就？如果長期目標夠明確，自然就知道自己應該培養什麼習慣（種植何種農作物）。

短期習慣與中長期習慣的不同說明如下：

・短期習慣

以農作物來說，就像是馬鈴薯、蘿蔔、菠菜、小松菜、小黃瓜、茄子、白菜、番茄等三十天～九十天就能收割的蔬菜。

以習慣來說，就是「馬上可以看出結果的必要習慣」。例如整理、存錢、不看電視、減少開電子信箱的次數等。在商業社會中，必須培養這種具有速效性的習慣。

・中期習慣

以農作物來說，就如同約半年才能收成的蔬菜、水果，例如南瓜、洋蔥、牛蒡、大蒜、高麗菜、蔥、豆子以及哈密瓜、西瓜、草莓等。

以習慣來說，就是時間管理、寫日記、考證照等。

・長期習慣

以農作物來說，就像是需花三～十年才能收成的蘋果、柿子、桃子、梅子、柚子、橘子、水梨以及香蕉等水果一樣。

以習慣來說，就是閱讀、拓展人脈或是健康管理等。

根據上述的分類，請試著描繪你五年後、十年後的模樣吧（包含工作、家庭、人際關係、經濟、休閒、健康等要素）。

以七十項習慣清單建立「年度計劃」

當你描繪出五年後、十年後的模樣之後，接下來就是思考必須培養的習慣了。思考工作、家庭、人際關係、經濟、休閒、健康等項目的均衡配置之外，同時也請思考必須培養的習慣。請參考後面精選的「七十項習慣清單」。行為習慣（不同於思考習慣）一個月就會固定下來，所以一年就能夠培養十二項習慣。

請在六十頁的表中，填寫你認為必須培養的十二項習慣之優先順序吧。

我想能夠馬上寫出十二項習慣的人應該不多。不過，如果清楚確定目前的問題點、課題的話，自然就會看出應該培養哪些習慣了。請經常保持敏銳的觸角，一旦發現自己應該培養的習慣，就立刻追加上去吧。

四　運用時間

不看電視／前一天擬定隔天的計劃／限定開電子信箱的次數／拒絕聚餐的邀約／雜事統一處理／先處理最重要的三件事／工作清單一定要寫下來／嚴守下班時間／提早進入公司／一次只集中在一件事上／不斷改善時間的運用

五　人際關係

經常稱呼對方的名字／每天都要稱讚他人／一天有四十%的時間保持笑容／大聲地與人打招呼／成為傾聽的人／原諒他人／寫交換日記／每天與重要的人交談十分鐘以上／不說抱怨、不滿的話／先說結論／以雙贏的目標思考

六　健康、美

服用健康食品／把白米改成糙米／每天刷三次牙／吃天然食物／每天睡滿七個小時／一天喝兩公升的水／每天曬太陽三十分鐘／不喝酒／講究穿著／攝取均衡營養★／飲食以蔬果為主★／戒菸★／肌力訓練★／做有氧運動★／限制熱量攝取★／按摩／做伸展運動

列表中出現★者，為需要三個月時間培養的身體習慣。

七十項習慣清單

一 自我投資

閱讀／影音學習／寫日記／認識新朋友／研讀專業知識／考證照／參加研討會、讀書會／把通勤時間轉變為學習時間／利用部落格、電子報發信／訂閱刊物（報紙、資訊月刊、電子報等）／重新檢視人生計劃（三十年、十年、五年、三年）／每天把一年的目標寫在紙上

二 金錢

自我投資／存錢／節約／運用資產／填寫家庭收支簿／不賭博／請他人吃飯／捐款

三 心靈成長（壓力、動力）

每天要說正面的話／冥想／每天寫一件感謝的事／早上泡澡／每天都有一件期待的事／每週一次投入在興趣上／整理／一天做三次深呼吸／聽喜歡的音樂／問有建設性的問題／一天減少一件事（工作清單或備忘錄）

填寫「習慣的年度計劃」

第一個月________________________________

第二個月________________________________

第三個月________________________________

第四個月________________________________

第五個月________________________________

第六個月________________________________

第七個月________________________________

第八個月________________________________

第九個月________________________________

第十個月________________________________

第十一個月________________________________

第十二個月________________________________

「習慣化之旅」的注意事項與指引

當習慣的年度計劃做好之後，接下來就開始「習慣化之旅」吧。

如前所述，行為習慣分為三個階段（反抗期、不穩定期、倦怠期），每個階段的對策也各有不同。

從第二章開始，我將針對各個階段一一說明。不過，若想要確實培養習慣的話，請一定要將以下兩件事深植腦海中。

前題一——每天持續行動

請每天做想培養的習慣並且持續三十天（就算是一週只做三、四次就可以的習慣也一樣）。即便難度不高，每天持續做，就會把習慣的節奏滲透到身體內部深處，這樣也能降低失敗率。

舉例來說，二、三天才寫一次工作日誌的業務員，無論過了幾年都還無法習慣寫工作日誌，而且每次寫工作日誌都感到很痛苦。另一方面，對於每天以一定節奏完成工作日誌的業務員而言，寫工作日誌就不是件苦差事。

從我以往幫助客戶培養習慣的實際成績來看也一樣。每天行動持續三十天的人，與一週只做三、四次而出現間斷的人，顯然前者較具有持續的傾向。

成功培養習慣的祕訣在於，至少在三十天的「習慣化過程」中，盡量減少什麼都沒做的空檔。當然，三十天之後，行動的頻率降到一週三、四次也就沒有關係了。

前題二——一定要堅持對策到最後

培養習慣的前提是，在三階段中執行的各項對策一定都要持續三十天。例如，在反抗期進行的「嬰兒學步」或「記錄」等，在後面的不穩定期、倦怠期中也要繼續執行。不穩定期進行的「模式化」、「例外規則」、「持續開關」等也都一樣。

根據這些前提，再來一一度過第二章介紹的每一個階段吧。

習慣化的路線圖

	反抗期	不穩定期	倦怠期
期間	一天～七天	八天～二十一天	二十二天～三十天
症狀	很想放棄 	被影響 	感到厭煩 
失敗率	四十二％	四十％	十八％
方針	總之就是撐下去	建立機制	加上變化
對策	①以嬰兒學步開始 ②簡單記錄	①模式化 ②設定例外規則 ③設定持續開關	①加上變化 ②計劃下一項習慣
三項原則	原則一　鎖定一項習慣【不要同時培養數項習慣】 原則二　堅持一個有效的行動【行動規則越簡單越好】 原則三　集中注意力在行動上而非結果 【不要太在意結果】		

瞭解「持續」的威力　好書介紹①

每天一份電子報改變人生

「每天發行一份電子報」。

有一個人自從二〇〇三年九月做出這個決定之後，每天不間斷地發行電子報，直到今日已經長達七年之久。這人就是電子報《平成進化論》的發行人．鮒谷周史先生。《平成進化論》現在已經是日本商業電子報中發行規模最大的電子報。截至二〇一〇年九月底為止，累計發行超過二千五百號，訂閱的讀者數超過二十萬人以上。

《「かけ算」思考ですべてが変わった》
中譯：《工作是乘法－用20倍速自我成長》
作者：鮒谷周史
出版：かんき出版

鮒谷先生所著的《工作是乘法》一書中，列出以下有趣的計算結果：

1.001	365天	1.440
1.440	5年	6.197
1.440	10年	38.404
1.440	20年	1474.903

以上數字所代表的意義是，如果每天進步〇・一%，一年之後自己的能力竟然可以提高四十四%。後面顯示的是，若以同比率持續五年、十年、二十年，以「複利」成長所得到的數值。可以預見五年後成長六倍，十年後成長約三十八倍，二十年後高達一千四百七十五倍。

鮒谷先生看到這樣的計算結果，說了以下這句話：

「持續進行而累積力量的人，在某個時間點會瞬間出現爆發性的結果。」

事實上，鮒谷先生自己在失業後，以三年的時間讓自己的年收入達到以往收入的二十倍。召喚這個「爆發性結果」的，就是每天發行一份電子報的努力。

鮒谷先生所做的「每天發行一份電子報」就是輸出的習慣。不過，如果仔細閱讀他的著作，會發現他的輸出習慣是靠以下三個輸入習慣維持的。

・輸入的習慣①每天持續閱讀

鮒谷先生以每天一～三本書的進度閱讀。內容從商業相關到漫畫書等，憑著自己的感覺隨機購買、閱讀。

・輸入的習慣②大量參加研討會

鮒谷先生非常重視向「不同專業領域中最傑出的專家」學習，而其中特別能夠突顯專業的就是研討會。據說，鮒谷先生從上班族時代開始，就不斷參加「以一天換算超過十萬日圓的研討會」。

・輸入的習慣③學習與人見面

鮒谷先生認為，最能夠幫助自己成長的是與他人的交流，因此他不斷努力創造各種與人相遇的機會。無論是午餐、晚餐，他都找不同的人一起吃。如果參加研討會，就積極地主動與人攀談。鮒谷先生斷言，若沒有這樣的交流，他的生意不可能做到今天這麼大的規模。

鮒谷先生透過以上三項輸入的習慣大量地學習，把吸收的內容重新編輯為有價值的資訊並發行，也就是改變他自己人生的電子報・《平成進化論》。

順帶一提，這樣的鮒谷先生在工作上也會出現「今天好像沒有靈感」的時候。這時，有效的做法是半強迫性地訂下幾個約會。這樣，在每天與人交流的過程中，自然就會變得有活力、開心以及積極地行動。

這本書稱持續的祕訣為「習慣開關」。擅長培養習慣的人，當然知道巧妙地控制動力的祕訣。

第2章

順利培養「持續」習慣的三階段

接下來就讓我們來看看
「習慣化」的三階段及其對策吧！

階段

1

反抗期
【第一天～第七天】
——很想放棄

反抗期

一天～七天

很想放棄

失敗率四十二％

總之就是撐下去

對策①以嬰兒學步開始
對策②簡單記錄

反抗期就如同在暴風雨中前進一般

在「階段一　反抗期」中會出現以下的症狀：

- 馬上就沒勁，結果只出現三分鐘熱度。
- 計劃內容太過勉強，以至於中途就放棄。
- 一天天過去，變得越來越懶得行動。

若以天氣來比喻的話，反抗期就如同面對強風豪雨，連站都站不穩的「豪雨洪水警報」狀態。這時習慣引力會強力地作用，總之這時就是非常不容易持續的艱辛時期。

挑戰習慣化的商業人士中，許多人（四十二%）在最初的七天就是沒辦法度過難關。在企業研習中，我觀察習慣化的過程，也會看到許多人總是說：「哎呀，我真的很忙，沒有時間」、「一開始的二、三天有執行，但是……」，然後就失敗了。如前所述，會讓人說出這些藉口的，就是前面說明的「習慣引力」。習慣引力可以說是培養習慣的最大難關，不過，反過來也可以說，若度過反抗期，就等於你已經成功四成了。

那麼，該怎麼做可以度過反抗期呢？

那就是只要把重心專注在「**撐下去**」就好。

也就是說，「每天持續行動」是很重要的。說的誇張點，好比用功念書，那就是打開書本就好；若是跑步的話，只要做事前的準備運動也可以。這個階段可以完全忽略行動量或結果。

克服反抗期有以下兩項具體對策：

對策一——以嬰兒學步開始

對策二——簡單記錄

細節容後再敘。

預防失敗的「習慣化三原則」

說明習慣化的具體對策之前，我一定要先說明一件重要的事。那就是在培養習慣的過程中失敗率高的人，通常都是在一開始的時間點就失敗。所以，也是為了不想眼睜睜地招來失敗，在挑戰培養習慣時，請檢視自己是否確實遵守以下三項原則。

原則一——鎖定一項習慣【不要同時培養數項習慣】

失敗的第一個原因就是太貪心，想同時培養兩種習慣。

例如，很多人在減重時，通常會「同時進行飲食控制與運動」，這是最典型高失敗率的例子。因為，習慣引力會針對不同的習慣產生作用，所以如果同時進行，也會承受二倍、三倍的引力作用。因此，除非你的意志力堅強過人，或是迫不得已非得這樣做，否則這樣是很辛苦的。

若要培養習慣，請先挑戰一項習慣，等到達成目標之後，再繼續挑戰下一項習慣吧。千萬不要太貪心啊。

原則二——堅持一個有效的行動【行動規則越簡單越好】

失敗的第二個原因就是行動規則太多、太複雜。

以學英文為例，假設你設定了以下的行動規則：

- 在電車上練聽力
- 每週上兩次的英語會話課
- 利用零碎時間背單字
- 晚上花一個小時念文法
- 週六、日花五個小時念多益（TOEIC）

就算你只鎖定一項習慣，但是這麼多項的行動規則太複雜，光是記都記不住，想持續執行每項行動更是困難。

複雜的事物容易失敗，簡單的事物容易持續。這是真理。所以就算從目標倒數回來，也建議先決定一項最有效的行動，先將這項行動化為習慣。若想要做到這點，就要廣蒐資訊，聽聽該領域的專家或旁人的建議。

原則三——集中注意力在行動上而非結果【不要太在意結果】

失敗的第三個原因是過度在意結果，導致行動節奏被打亂而宣告失敗。

例如，本來設定多益的分數要在三個月內提高二百分，所以開始培養每天用功兩小時的習慣。即便如此行動，一個半月之後的模擬考也只增加五十分而已。這時，你對於這樣的結果感到焦慮，所以追加早上一個小時背書、通勤中練聽力，以及週六、日花五個小時用功的作業。就算你這麼做，我也可以預見你的計劃太過勉強而可能失敗。

另外，以減重為例好了。每天站上體重計量體重，看到每個月只以一、二公斤的速度減少而感到很焦急。

或許各位讀者也有類似的經驗也說不定。這時你可能會為了想早點達到理想體重而不吃中餐，或是每天只攝取一千二百卡的熱量，採取極端的減重手段。當然，這麼做可以暫時收到減重成效。不過，後面隨之而來的，是更讓人不能忍受的復胖。

就算一個月只減一公斤，以這樣的速度持續前進，六個月就減了六公斤，這也是很大的成果，而且還是不容易復胖的減重方式。

透過結果或目標提高動力是很有用的，我也肯定這樣的做法。不過，前提是絕對不能打亂習慣的行動節奏。首先應該重視的是習慣化本身才對。

對策 1

以嬰兒學步開始

若想要突破反抗期的話，「**以嬰兒學步開始**」非常有效。所謂嬰兒學步就是「小寶寶學走路」，簡單說就是「從小地方開始」的意思。在反抗期中，由於習慣引力強力作用，很容易產生放棄的念頭。因此，不要大規模地進行改變，從小處開始效果會更好。

人本來就很容易陷入「完美主義的陷阱」。如果想達到完美境界的想法太過強烈，萬一無法達到完美境界的話，反而會無法做出任何行動，這時完美主義就成為行為的阻礙。

我自己提高了阻礙的難度

以我自己為例。當我成為社會新鮮人的第一年，我被分配到業務部，並受到主管的委託寫出一份專案的企劃案。

如果是系統的企劃案，通常是三十頁~一百頁。我為了這份企劃案煩惱了二~三天，卻一個字也寫不出來。最後我只好找主管商量。這時主管只問我幾句話。

「你連封面都不會寫嗎？」、「至少你可以寫目次吧？」

聽了這幾句話，我突然頓悟。我光想企劃案的完成型態，卻沒把焦點放在自己能做的事。

因此，我開啟企劃案的寫作軟體，先做出封面，再參考過去的企劃案，自己試著寫出目次。結果，這項工作就這麼地順利進行。雖然在這當中也與主管稍微討論過，不過，最後只靠著自己一個人的力量，兩天就完成這份企劃案。

還有一個例子。我原本個性就很膽小，為了要不要接受雷射近視矯正手術而感到相當猶豫。由於我一直對於手術感到恐懼，所以這次我也以嬰兒學步的方法面對。總之，先索取一份簡介來看看。接下來，為了消除我不安的情緒，我去醫院聽取醫生的說明，同時也只接受免費的檢查項目。

結果，在這些過程中，我的恐懼逐漸消失，兩個禮拜後我就接受雷射手術了。因為害怕而不敢行動，因為嫌麻煩而無法付諸行動，這時更適合採用嬰兒學步的方法。

我們經常說「千里始於一步」。有能力設定這一步的人、有辦法把這一步化為能夠行動的最小單位的人，就是具有行動力的人。

事實上，擅長習慣化的人都具有在反抗期中**「絕對不勉強，從小處開始」**的傾向。

另一方面，會失敗的人從一開始就很容易把行動的難度設定得太高，於是，隨著熱情的溫度下降，對於行動也會覺得麻煩而感到無趣。

這樣的人經常會說出「我想做，但是沒有時間」、「提不起勁」等藉口。其實，世界上沒有人會忙到連五分鐘的時間都抽不出來。而且，如果是五分鐘這麼短的時間，再怎麼不擅長的人也能夠持續下去。

結果，這種人自己隨便地提高難度，並讓自己在這當中受苦。

不好意思，我又要舉我自己的例子了。以前，我怎麼都無法培養整理的習慣，所以我的房間一直都處於凌亂不堪的狀態。因為我覺得整理房間很麻煩，所以怎麼樣都無法開始動手做，導致房間越變越亂。

有一次，我把目標設定為只花十五分鐘整理，而不是要讓房間變乾淨。結果，這樣就變得很容易踏出整理的第一步，並且持續三天、一星期、三星期。當我察覺到時，發現我對於整理這件事已經不感到棘手了。

我本來無意識地設定了「把房間整理乾淨」的高門檻，不過，正因為後來我把目標改為花十五分鐘整理的一小步，所以才能夠順利地踏出第一步。

這種情況跟慢跑的習慣一樣。完全不運動的我，一下子設定從第一天開始就要跑一個小時。如此高的門檻就如同登上富士山頂般地困難。

因此，我在反抗期以嬰兒學步起步，改為「穿上運動衣走十五分鐘」的簡單動作，這樣就能夠輕鬆地開始了。過了一陣子，當我習慣走路這件事之後，自然地就會形成想出門慢跑的良性循環了。

在習慣引力強力運作的反抗期間，任何人都會覺得很難熬。不過，利用從小地方起步的方法，你就會逐漸習慣了。實際地利用身體行動，你就會確實感受到身體產生的持續動力。

雖然培養習慣的方法很多，不過，嬰兒學步卻是非常廣泛地被採用的方法。無論你把行動的門檻降到多低，也請一定要注意每天都要累積一小步、一小步的行動。

以嬰兒學步開始的「效果」

以嬰兒學步開始會得到以下兩種效果：

效果一——行動壓力較小

就算是小小的行動也沒關係，所以一開始踏出的第一步非常輕鬆，也很容易付諸行動。例如，想培養閱讀習慣時，如果設定不管多累也都要把書翻開五分鐘，如此簡單的設定應該很容易執行才對。

就算你的行動本來應該做一百分，現在只做一分也沒關係。從習慣化的觀點來看，這也是很重要的一步，與什麼都不做有著很大的差別。

在反抗期中，「零與一」的差別遠遠大於「一百與一」的差別，這樣說一點也不誇張。

就算下雨或是工作回家晚了，只要你設定的是能夠執行的一小步，你就能夠持續地行動。

效果二——引發動力

一旦踏出最初的一小步，後面的行動就會順利地進行。

腦部科學家池谷裕二所著的《大腦》（のうだま／幻冬舍）中提到，透過運動身體，動力會不斷地產生。也就是說，只要踏出一小步，身體就會充滿幹勁，當自己察覺到時，就會發現自己在不知不覺當中已經前進三十步了。

●以嬰兒學步開始的「方法」

設定嬰兒學步時，有以下兩種方法可行：

①細分「時間」

- 五分鐘整理
- 十五分鐘閱讀
- 三分鐘寫日記
- 十五分鐘跑步

②細分「步驟」

- 只整理一個房間
- 讀一頁的書
- 寫一行日記
- 「走路」而非跑「馬拉松」

●以嬰兒學步開始的「重點」

設定嬰兒學步時，請務必遵守以下的重點：

①設定能夠執行的門檻

降低行動的門檻很重要。設定就算是加班、聚餐也一定能夠做到的低門檻，以無論什麼樣的狀況都能夠執行為前提，徹底降低行動標準吧。

只是，設定最低標準並不代表不能做出高於標準的行動。降低第一步行動的門檻只是為了容易行動、容易持續而已。

②拋開不足感

或許有人感受不到累積嬰兒學步的重要性。越是無法持續的人，越無法看出整理五分鐘或閱讀一頁書這種一小步的行動，也比較看不出其中的意義。只是，如果試著回想過去失敗的經驗，就會發現如果在這七天中設定小小的行動，每天持續進行，這樣不是更能夠輕鬆地持續下去嗎？

我必須一再重複，在反抗期當中，無論是多麼小的一步，對於行動以及持續都具有相當大的意義。

一小步也是通往成功之路的其中一步，希望讀者對於每一小步都予以重視。

③一定要每天持續執行

我在前提的部分也曾說過，一定要每天行動。

行為習慣在固定之前一定要每天執行，這是最大的前提。三十天之後，如果已經習慣了，每週降至三、四次也沒關係。不過，在習慣此項行動之前，請一定要每天執行。

那麼，以下請針對你想培養的習慣，設定適當的起步吧。

對策一——以嬰兒學步開始

對策
2
簡單記錄

當你設定符合自己的嬰兒學步之後，接下來就是「**簡單記錄**」。說到「記錄」，很多人腦中就會產生麻煩的印象而有逃避的心態。不過，記錄在習慣化的過程中，卻能發揮莫大的成效。

記錄的效果在於能夠去除「隨意」的感覺，客觀地掌握事實。若是節省金錢的話，從「記錄家庭收支」的習慣開始最好，這也是記錄的效果。

不記錄而開始執行節約，最後看不出成效的人，多半會出現以下幾種行為：

- 總是搶購超市關門前的減價特惠商品

- 不買寶特瓶果汁，改帶水壺裝茶
- 聚餐時總是挑便宜的餐廳
- 盡量不開冷氣
- 改去便宜的美容院

就像這樣，一年三百六十五天，一天二十四小時都抱持著節約的意識行動。但是，這樣的努力卻意外地得不到節約的效果。因為在這當中絲毫找不到「記錄」的功課。

若要節約的話，首先就要填寫家庭收支簿。這麼一來就能夠以客觀的數字判斷造成浪費的原因、可以具體地降低某項支出等。結果就能夠降低房租之類的固定費用或是中午改吃便當等。光是這麼做就可以確實得到節約的效果。

若是「憑感覺『隨意』行動」，在還沒有看到較大成果之前就會失敗。

岡田斗司夫所著的暢銷書《別為多出來的體重抓狂》（いつまでもデブと思うなよ）中介紹的「筆記瘦身法」，就是只記錄每天的飲食內容與體重數字的簡單方

法。而且，我身邊有許多人就是參考這個方法而得到相當好的減重成效。

岡田說：「筆記瘦身法的目的，就是讓人停止為肥胖做出努力。」如果清楚自己隨意在超商買的果汁與零嘴的熱量，就知道自己為了肥胖做了多少無意義的努力，也自然會減少無謂的熱量攝取。

我自己也在減重期間記錄攝取的熱量。透過這個方法，我明白聚餐時我攝取了三千～五千大卡，光是深夜的零嘴也有一千～一千五百大卡的熱量。於是，我避免無謂的聚餐，也戒掉深夜吃零嘴的習慣。

時間管理的習慣也是一樣。雖說這麼做效率不好，不過也不要馬上就決定「縮短午餐時間」、「早上很早出門」等。首先要以十五分鐘為單位，詳細記錄時間的運用狀況，持續觀察兩週。以我個人來說，我找到兩項工作成果不如預期的兩個原因，其一是沒有完整的休息時間，導致整體的工作效率低落，再者就是處理雜物的時間比想像還多。

就像這樣，**如果能夠定量分析原因，就能夠利用小小的努力獲得大大的成果。**

節約、寫日記、學英文、早起……，所有的「習慣化」都能夠透過記錄檢視、回顧每天的行動。如果能夠實際感受到這樣的小成果的話，動力就會逐漸提高，行動也會持續下去。

只是，記錄這件事本身的障礙就不低，所以建議讀者一定要採用不麻煩的方法簡單記錄。

●簡單記錄的「效果」

簡單記錄可以得到以下三種效果：

效果一——能夠客觀分析並瞭解問題

如前所述，如果瞭解問題之所在，就能夠減少無謂的努力。

效果二——減少行動的不固定性

當我詢問客戶的習慣化狀況時，對方有時候會回答「大概都有做到」、「有時候沒做」等模糊不清的答案。於是，我再追問：「大概有幾天做到？」、「你說有時候沒做，到底有幾天沒做？」這時，對方通常會被我問到啞口無言。

不過，如果持續記錄的話，就可以客觀地管理自己的行為，並掌握現實行動與目標之間的差距。另外，這樣也會對於沒有執行的日子上的空欄產生罪惡感，最後就會改善行為的不固定性。

效果三——提高動力

透過持續記錄行動的方式，能夠量化自己的行動並將行動視覺化，如此可以產生自信、提高動力。這個機會讓我們看出每天執行小行動的意義，以及深切反省偷懶的日子。

這時，如果再花點功夫做出圖表的話，效果更佳。

●簡單記錄的「方法」

若要簡單地記錄，可以採用以下兩種方法：

①思考記錄內容（要記錄哪些項目？）

- 只記錄〇×
- 〇×之外，記錄內容、數值

②思考記錄媒體（要記錄在哪裡？）

- 紙張（檢視表、日曆、記事本、專用的筆記本等等）
- 數位機器（行動電話、個人電腦、計步器、心跳表等）

●簡單記錄的「重點」

簡單記錄時，請遵守以下的重點：

①不要過於繁瑣

貪心地想記錄許多項目或是製作不必要的專用表格等，這都是不持續的原因。

另外，目的不同，記錄的項目也會有所不同。與目的無關的資料不用記錄。

確實瞭解「**做麻煩事＝迎向失敗**」的觀念，請記得盡量以輕

若要簡單記錄，必須鎖定「內容」

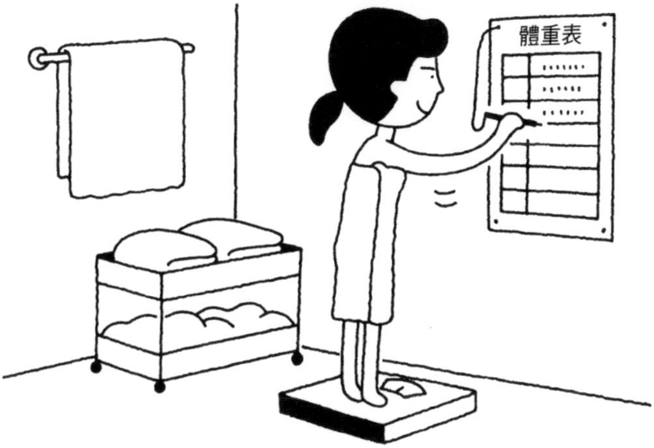

配合目的，把記錄內容減到最少。

鬆的方法簡單記錄。

例如，如果是減重，就在體重計前貼上記錄表格，只填日期與數字。若是學英文，就把記錄表夾在教科書上，以〇×記錄那天有沒有用功，頂多再加上讀過的頁數。

記錄媒體要放在方便填寫的地方或是隨身攜帶的工具裡，這些都是減輕負擔的方法。

② 一定要每天記錄

簡單記錄的目的，當然就是要做到每天記錄。

記錄是把習慣持續下去的強力支援工具。若想要檢視每天的執行狀況，持續是很重要的。持續記錄的結果會改善行為、提高動力，所以不只在反抗期，在三十天的執行期間也請一定要每天記錄。

對策二——簡單記錄

內容

媒體

※各階段的對策可以統一記錄在本書末的工作表中，非常方便，請多加利用。

階段

2

不穩定期
【第八天～第二十一天】
——被影響

不穩定期

八天～二十一天

被影響

失敗率四十%

建立機制

對策①模式化
對策②設定例外規則
對策③設定持續開關

不穩定期要建立「持續的機制」

在反抗期間，採用嬰兒學步的方法就不會被預定事項影響。不過，一進入「階段二　不穩定期」之後，由於門檻提高，會出現以下的症狀：

- 在已訂的時間插入其他事項而荒廢
- 因為加班或個人事項導致行為間斷
- 因為天氣或突發事件導致多日無法持續行動

在不穩定期中，經常會被加班或突發事件等非固定事件所影響。

例如，每天都忙到搭最後一班電車回家。到家之後，除了睡覺做不了其他任何事。或是，朋友突然約吃飯，回到家後已經醉得什麼都不想做了。如果行動沒有照著預定計劃進行而被旁人影響的話，對於好不容易訂出來的習慣化計劃，也會產生「管他的，好麻煩、真無聊」的感覺，結果就導向失敗的結局。

若想要度過這樣的不穩定期，就要「**建立能夠持續的機制**」。

善於習慣化的人會採取彈性的做法（例如加班那天只用功五分鐘，如果突然有聚會則換個日子跑步），以度過不穩定期。

另外，可以巧妙地採取各種維持動力的方法，例如找朋友一起進行、設定獎勵機制等。

我們的生活並不全然會照著我們的想法進行，也無法控制外在的環境（臨時的工作或氣候變化）。為了堅持習慣計劃而拒絕加班，這種做法不符合現實的考量，再怎麼想跑步，也不可能叫老天爺停止下雨。

請對於各種突發事件抱持著彈性，建立維持動力的機制，巧妙地應對吧。

在不穩定期間提高行動的難度

在反抗期中執行的「嬰兒學步」行動，比實際想培養的行為習慣簡單許多，因此，進入不穩定期之後，就要把難度提高到自己要求的程度。

假設本來的目的是想花兩個小時學英文，這時就如原先設定的，把門檻提高為兩小時。

不穩定期的對策大致可分為以下三項：

對策一——模式化
對策二——設定例外規則
對策三——設定持續開關

設想你的生活或工作中可能會發生的各種狀況，建立最適當的反應機制吧。

對策
1 模式化

所謂「**模式化**」，是指把你想培養的習慣化為固定的模式（時間、做法、地點），並執行之。

如前所述，我們在不知不覺當中養成了好多習慣。這些習慣被嵌入每個人的生活節奏之中，所以我們每天都會重複做出這些習慣動作。

因此，請把你想培養的習慣化為正確而規律的模式吧。比起每天在不同地點或不同時間點進行，重複已化為模式的行動會更容易滲透到身體裡，也變得更容易行動。這就是通往習慣化的捷徑。

例如，許多上班族早晨一到公司就馬上檢查電子郵件。如果不看信就覺得渾身不對勁而坐不住。同樣地，每天上午六點起床的人，就算是假日也會在六點鐘就自動醒來。

如果把新的習慣模式化的話，你就會在無意識中做出這項習慣動作。

如果能夠透過模式化，讓你不在某個時間做某件事就覺得渾身不對勁的話，那你就成功地培養了這項習慣了。

以我自己來說，我把時間劃分為如下圖般的時段，所有的習慣都事先決定開始與結束的時間點。

像這樣把習慣嵌入生活節奏當中，就能夠無意識地重複該項行動了。

透過「模式化」讓習慣化變得容易

19：00～20：00	處理雜事	
20：00～20：30	閱讀做筆記	
20：30～20：45	練英文聽力	
20：45～21：00	花十五分鐘整理	

模式化的「效果」

藉由模式化可以得到以下兩種效果：

效果一——培養節奏感

相同時間、相同做法、相同地點進行，利用這樣的方式把固定的節奏滲透到身體裡，也容易在無意識當中進行該項行動。

效果二——不容易忘記

如果隨機行動的話，就會「不小心忘記」而導致行動中斷。不過，一旦建立了固定模式的節奏，身體就會學習到「不做不行」這件事。

●模式化的「方法」

若想要模式化，可以採用以下三種方法：

①時間：決定星期幾、幾點執行

例如：一星期花三天閱讀（每週一、三、五晚上八點開始閱讀）。

②內容：決定執行的量與方法

例如：每天花三十分鐘利用iPod聽CNN的英語新聞節目。

③地點：決定執行地點

例如：通勤的電車上、辦公室、自宅、附近的咖啡店。

●模式化的「重點」

模式化時，請務必遵守以下幾項重點：

①盡量找出不被侵犯的「聖地」

不容易被工作或私事影響的時段（＝聖地）最好。例如，如果利用一天開始工作前的時段，就不容易被安排好的事情影響。

只是，我們很難一開始就做到最佳的模式化。經常發生「打算早晨七點開始用功，結果沒睡飽而無法集中精神」、「計劃晚上八點閱讀，結果經常被偶發事件影響」。所以，請在實際生活中多方嘗試，如果無法順利進行就改變做法，找到最佳模式，並把此模式嵌入生活當中。

②考慮一舉兩得的做法

如果把習慣嵌在通勤時間、移動時間或午休時間，就不需要為了新的習慣另尋執行時段。

③每天持續行動

理由如前所述。假設你想培養「每週四次（一、三、五、日）、每次一小時練習英文聽力」的習慣，可以在週二、四、六這三天各練習五分鐘或十分鐘都好，請每天持續練聽力的行動。過了三十天之後，就可以把頻率降到每週四次。

對策一——模式化

日期

內容

場所

對策 2
設定例外規則

再怎麼擬定周全的習慣化計劃、設定模式化，想要一整個月都謹守著相同步伐生活，真是極為困難之事。

例如，就算內心決定每天用功一個小時，也會發生「因工作突然發生問題導致加班到很晚」、「被主管罵心情不好」、「沒睡飽感覺疲倦，提不起勁做任何事」、「參加聚會喝醉，無法集中注意力」等各種突發狀況。

如果因這類的突發事件，導致想培養的習慣老是被中斷的話，自己可能就會產生自我厭惡的感覺或是無力感，繼而提不起勁，最後就容易失敗。

因此，這時「**例外規則**」就顯得很重要。例外規則指對於不規律發生的事件，事先制定應對規則，建立一個在狀況發生時，能夠彈性應對的機制。就算是前述的各種案例也一樣，由於事先制定例外規則，狀況發生時就能夠彈性地應對。

例如，當你感到心情低落、疲倦時，只讀一頁的教科書也沒關係。晚上十一點以後才回家時，在電車上背單字也行。像這樣的規則都可以自己事先設定好。

例外規則並不是為了寵溺自己，而是有計劃地保持彈性。靈活運用模式化＋例外規則，就能夠培養固定的節奏，並且有彈性地培養習慣。特別是完美主義特性較強的人，很容易產生極端的想法，認為如果做得不夠完美「就跟沒有做一樣」。這時，這個例外規則的機制就能夠帶來良好的成效。

●例外規則的「效果」

藉由設定例外規則，可以得到以下兩種效果：

效果一——有彈性地執行計劃

遇到突發性的加班、氣候變化或是身體不適等不規律事件，也能夠有彈性地應對，這樣就能夠持續原先設定的行動。建立模式化的例外規則，反而能夠遵守模式化。

效果二——減少壓力

如果無法遵守已經決定的事情，會產生自我厭惡或無力感，繼而感受到壓力。

透過應用例外規則，就能夠實踐既定事項，最後就會減輕不必要的壓力。

●設定例外規則的「方法」

設定例外規則時，可以採用以下兩種方法：

①考慮例外的狀況

A：身體狀況（疲倦、提不起勁、感覺不舒服、感冒等）。

B：氣候（太熱、太冷、下雨、下雪等）。

C：預定事項（突然加班、問題發生、聚餐等）。

②考慮應對方法

A：以嬰兒學步的方式行動

請活用反抗期所設定的嬰兒學步吧。只執行五分鐘、十五分鐘的行動，或是只讀一頁教科書，這樣就可以輕鬆地完成預定行動。

B：替換

例如隔天設定加倍完成的目標，或是預留星期天晚上七點的時間，空下來不做任何的安排。

C：設定特別的日子

光明正大地中斷一次，也是一種方法。由於這是例外規則，所以會容易原諒自己。

※只是，在三十天當中最好每天執行，所以請盡量選擇A比較好。

●設定例外規則的「重點」

設定例外規則時，請遵守以下的重點：

①假設各種狀況

事先就要假設各種變動狀況。

每個人的生活節奏不同，請參考「方法」所示的觀點，儘可能想出可以適用例外規則的狀況。

②一邊嘗試一邊追加、變更

實際執行習慣化之後，才會發現意料之外的事情接連不斷地發生。如果發生意料以外的狀況，就設定新的例外規則吧。另外，如果覺得已經設定的例外規則運作不佳時，請更改為更符合自己所需的規則吧。

對策二——設定例外規則

規則一

規則二

規則三

對策 3
設定持續開關

「**持續開關**」是善於習慣化的人，為了能夠持續行動所設計的一些巧思。

例如，用功時，有人會獎勵自己以提升幹勁，也有的人會把目標分數寫在紙上為自己加油打氣，也有的人跟朋友一起用功念書才有效果。

慢跑等運動也是一樣，有的人向大會報名以追求自己的成績紀錄，也有的人決定達成的時間點，每天孜孜不倦地往目標前進，或是有的人設定理想比例的模特兒身材，每天看著模特兒的相片以提高幹勁。

總之，每個人的持續開關各有不同。

筆者把這些訣竅一般化，挑出任何習慣都能適用的十二項持續開關。

由於適用於每個人的持續開關各有不同，所以讀者可以從多種選項中自由選擇。首先，請從次頁的十二項開關中，選出自己感到有興趣的項目閱讀就好。

根據心理學的說法，動力的發生來源分為產生快感與迴避痛苦兩種。簡單來說，當人想獲得快感或是想規避痛苦時，就會採取行動。根據這項理論，本書將十二種開關區分為「**糖果型開關**」與「**處罰型開關**」兩大類。

討論「習慣」的相關書籍中，都是作者依照自己的喜好，隨意地寫一堆把自己逼得走投無路的訣竅，或是相反地老是建議一些獎勵的方法等等。不過，我認為那些方法對讀者而言，不見得都是好的。

本書提供十二個選項，讓讀者根據自己的性格選擇適合的方法，把重點放在思考方法上面。

如以下說明所示，請選擇自己覺得適合的選項。

●持續開關的「效果」

設定持續開關可以得到以下兩種效果：

十二個「持續開關」

①糖果型開關（快感）

利用憧憬、開心、被稱讚、獎勵等快感（糖果），推動自己的開關。

開關一	獎勵	【藉由獎勵的力量突破眼前的困難】
開關二	巧妙地被稱讚	【塑造被稱讚的氣氛以提升幹勁】
開關三	遊興	【以遊興開心行動，提升自己的熱情】
開關四	理想模式	【設定理想目標，讓現在的自己更進一步】
開關五	儀式	【透過舉行小小的儀式，驅除怠惰、不舒服的心情】
開關六	除魔	【去除阻礙行動的障礙，減輕壓力】

②處罰型開關（危機感）

利用截止日期、宣言、約束、逃避懲罰等危機感（處罰），推動自己的開關。

開關七	損益計算	【投資金錢，塑造失敗就會虧損的環境】
開關八	習慣的朋友	【結交培養習慣的朋友，不容許自己安逸】
開關九	對大眾宣布	【對大眾發表宣言，打造後無退路的狀態】
開關十	處罰遊戲	【利用處罰遊戲擊退每天的辛苦、藉口、安逸】
開關十一	設定目標	【設定目標，引發達成目標的欲望】
開關十二	強制力	【透過與他人的約定、嚴苛的環境、時間限制等，逼迫自己進入不得不做的狀況】

※各開關內容將在第三章中解說。

效果一——能夠操控動力

當自己感覺好像快要失敗時，如果知道激勵自己的訣竅，就能夠控制動力。以火箭來比喻的話，就好像隨時可以在輔助燃料上點火加速前進一般。

效果二——建立能夠持續的機制

一週看兩次西洋電影學英文以為獎勵，或是一週預約兩次英文課、每週日與跑馬拉松的朋友繞日本皇宮一圈等等。善於培養習慣的人，知道適合自己的持續訣竅，並將這些行動化為固定機制。若想要巧妙地模仿他們的話，請從這十二種開關中找出適合自己的選項。把開關組合在行動中，建立一套行為機制，這樣就能夠持續幹勁與行動。

●設定持續開關的「方法」

前面列出的「十二個持續開關」，各開關的詳細內容、案例等，請參考本書第三章。

●設定持續開關的「重點」

設定持續開關時，請務必重視以下重點：

①瞭解自己擅長的開關

把朋友拉進來、對大眾宣布等等，請回顧過去，找出自己的行為傾向。若是暫時還沒有想法，可以回頭閱讀「十二個持續開關」的說明，把自己覺得不錯的項目打〇標示出來。

②不同的習慣有不同的開關

有時候不同習慣，採用不同的開關效果會更好。

以我自己而言，戒菸時的開關是「對大眾宣布」，不過，慢跑時則是「遊興」

的開關比較有效。所以，針對不同的習慣，我會做出不同的選擇。

每培養一個新習慣時，請好好地思考，選出最適合自己的持續開關吧。

對策三——設定持續開關

開關一

開關二

開關三

開關四

開關五

階段
3

倦怠期
【第二十二天～第三十天】
——感到厭煩

倦怠期

二十二天～三十天

感到厭煩

失敗率十八%

加上變化

對策①加上變化
對策②計劃下一項習慣

倦怠期的一成不變是「習慣引力」最後的反抗

在「階段三　倦怠期」通常會出現以下幾種症狀：

- 有時會感覺厭煩而提不起勁
- 感受不到習慣化行動的意義
- 因一成不變而產生不足感

在習慣化的過程中，最後階段的倦怠期最容易產生一成不變的感覺。無法感受一直以來持續行動的意義或是產生不足感。這些情緒都會化為「好像沒有意義」、「好無聊喔」、「感覺好煩喔」等藉口，而說出這些藉口也是這個時期的特徵。

不過，請不要被這些藉口打敗，因為這些藉口都是來自於「習慣引力」的最後反抗。

過去你是否曾經有過類似的經驗？明明已經持續一段時間運動、戒菸或早起等，眼看著就要習慣這些行動了，但是卻突然失去熱情，也感受不到持續的意義。其實這是因為你已經開始要適應「新習慣」的變化了，習慣引力為了維持現狀而設法抵制你所做的一切，做最後的反抗。

另外，倦怠期是身體已經逐漸習慣新行動的時期，乍看好像這個行動已經成為習慣，如果在這時就疏忽了，最後也很有可能會失敗。

所以，也是為了培養良好的習慣，請一定要巧妙且謹慎地度過倦怠期。

●倦怠期需要「變化」

若想要順利克服倦怠期，無論如何就是要「**加上變化**」。

想培養的習慣不變，但是藉由改變環境或是利用不同的持續開關等方法，在一成不變的狀態下加上變化吧。

倦怠期的對策有以下兩項：

對策一——加上變化

對策二——計劃下一項習慣

任何人培養習慣時，都會面臨一成不變的現象。所以，如何在三十天的計劃中加上變化的創意巧思，這就是成功培養習慣的重要關鍵。

對策 1 加上變化

如果一直持續做同樣的事，任何人都會對於這樣的單調逐漸感覺厭煩，也會開始說些藉口，或是突然感覺不出持續的意義而放棄這件事。日本的大學畢業生在春天畢業後進入新公司工作不久，馬上就出現「五月病」，或是已經習慣的工作卻在第三年突然想辭職等，一成不變可以說就是這些現象發生的起因。

習慣也是一樣，在倦怠期中花點巧思加上變化的話，便能夠有效地度過這段期間。

以前某個電視節目訪問前相撲選手貴乃花如何培養走路的習慣。據說貴乃花為了持續這項習慣，每天出門走路時，會戴上不同款式的太陽眼鏡。因此，他在家中準備了大約二十付太陽眼鏡（想像貴乃花從早上開始就很開心地選太陽眼鏡的畫面，感覺還滿有趣的）。

貴乃花從少年時期開始就一直在相撲界發展，退休後順利地減重成功。從他現在的外表絲毫看不出相撲選手的痕跡。可見貴乃花已經成功地掌握持續的奧祕。我想，貴乃花為了避開一成不變，自然地領悟到「**加上變化**」的重要性吧。

若是念英文的話，那就是準備各種教材；若是跑步，就是改變跑步路線；若是減重，就是在菜單上加上各種創意等等。如果加上變化時也能思考豐富的多樣性的話，一旦感覺一成不變時，就能夠有彈性地應對。所以，請多多思考不同的變化方式吧。

●加上變化的「效果」

加上變化能夠得到以下兩種效果：

效果一——能夠以嶄新的心情重新出發

利用變化能夠打破單調的氣氛，以嶄新的心情重新出發。

效果二——產生動力

因單調而低落的動力會再度湧現。

●加上變化的「方法」

製造變化可以採用以下兩種方法：

①改變內容、環境

例如，改變學英文的教科書、在咖啡館用功、聽音樂、點精油等等，如果改變內容或環境，就能夠產生新鮮感。

②使用持續開關

請採用跟不穩定期不同的持續開關吧。

例如「請專家指導的訓練課程」、「組成一起跑步的團隊」等等。很多人加上這類的強制力開關，以突破一成不變帶來的挫敗。實際上，我的恩師，也就是專業顧問谷口貴彥先生（《ザ・コーチ 最高の自分に出会える「目標の達人ノート」》作者）自己就組成馬拉松團隊，也對周遭旁人宣揚跑步的好處，如此自然地讓持續跑步的機制發揮運作。

●加上變化的「重點」

加上變化時必須注意以下幾項重點：

①以一舉兩得的角度思考

在這裡所謂的一舉兩得，指「思考藉由一項習慣得到兩倍收穫的巧思」。例如，「一邊聽英文一邊整理」、「一邊聽有聲書一邊跑步」、「把看電影的興趣轉變為學英文的工具」等等。

雖然一次開始進行兩種習慣違反前述的原則，不過若是為了附加效果的行動，就沒有關係。倒不如說，這樣做反而會讓人產生「一舉兩得」的價值，所以會成為持續的動力。

②準備多樣性的選擇

變化的多樣性越豐富越好，所以建議至少要先想好三個選擇項。

先不管是否會用到，就算是為了應付習慣後出現的一成不變，選擇項越多越穩當。

③不要輕易改變模式或規則

中途改變不穩定期所建立的

思考「一舉兩得」的習慣吧

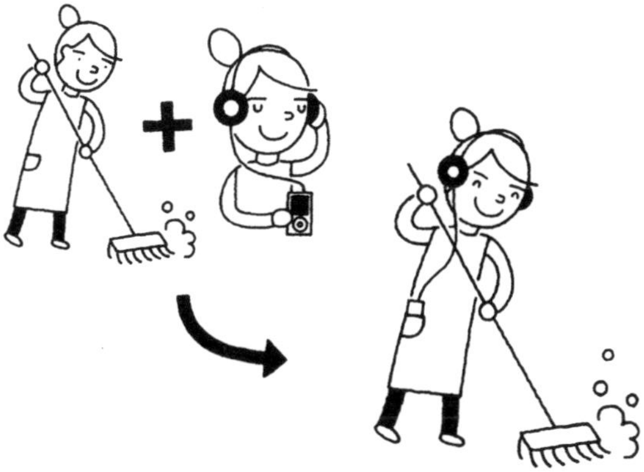

現有的習慣＋新的行動，
藉此加上「有價值」的變化。

模式（時段）或規則，極容易摧毀已建立的習慣節奏。請勿以變化為目的而輕易地改變模式（時段）或例外規則。

還有，在模式中，更改場地或內容是沒有關係的。

對策一——加上變化

方法一

方法二

方法三

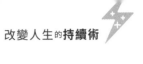

對策 2

計劃下一項習慣

在倦怠期中，還有一件事必須預先做好，那就是「**思考下一個要挑戰的習慣，並擬定計劃**」。如此就能夠訂出現在培養習慣之後的努力目標，也會不斷增加良好的習慣。

在前面「農業眼光」單元中提過，若想要得到豐富的收穫，持續播下「習慣的種子」是不可或缺的。請有計劃性地擬定方案，一旦培養一項習慣之後，馬上就能夠進行下一個習慣計劃。

順帶一提，我經常建立一年份以上的習慣清單，並且定期檢視這份清單裡的習慣之優先順序。

以我的經驗來說，如果在習慣化的過程進行到八成時，擬定下一項習慣計劃的話，不僅會提高目前的習慣化動力，也能夠以嶄新的心情投入。

在倦怠期最後加入「計劃下一項習慣」就是為了建立習慣的連鎖性。你也要不斷為習慣化投注心力，如此才能獲得良好習慣所帶來的果實。

●計劃下一項習慣的「效果」

透過計劃下一項習慣，可以得到兩個效果：

效果一——可以看到現在培養習慣的經過

透過擬定下一項習慣化的計劃，能夠感受到目前培養習慣的單純過程，如此倦怠期的過程就會變得有趣。

效果二——提高習慣化的能力

本書的目的就是為了提高習慣化的能力。所以，一旦學會習慣化的過程與持續

習慣清單範例

第一個月	英文聽力　十五分鐘
第二個月	英文閱讀　三十分鐘
第三個月	肌力訓練（第一個月）
第四個月	肌力訓練（第二個月）
第五個月	肌力訓練（第三個月）
第六個月	閱讀、做筆記　十五分鐘
第七個月	改善飲食生活（第一個月）
第八個月	改善飲食生活（第二個月）
第九個月	改善飲食生活（第三個月）
第十個月	打坐　十分鐘
第十一個月	泡澡　三十分鐘
第十二個月	寫書　三十分鐘

＊此為筆者於二〇〇九年製作的清單實例。關於身體習慣請以三個月為期限。

開關，也就不需要本書了。而這正是最有力的成果。

●計劃下一項習慣的「方法」

若想要計劃下一項習慣，可以採取以下兩種方法：

①從目標倒過來計算

請針對你的目標選擇優先度高的習慣，然後重新檢視第一章中條列的「習慣的年度計劃」清單。

②擬定習慣化計劃

這也是為了培養習慣化的能力，請使用新的工作清單擬定計劃吧。

建議第一、二次都要確實填寫。從第三次開始就已經上手了，這時就沒有必要重新填寫了。

●計劃下一項習慣的「重點」

計劃下一項習慣時，請遵守以下的重點：

①排列優先順序

培養習慣需要耗費許多心力，所以請慎選對你自己而言最具有效果的習慣。這時，建議你從多個選項中挑出優先順序高的習慣。

②就算已經擬好計劃也不要執行

無論如何，最高原則是一次只培養一項習慣，所以現在只要擬定計劃就好。一旦這次的計劃完成，就能夠馬上投入新的計劃。太貪心將會導致失敗。

對策二——計劃下一項習慣

想挑戰的習慣

把荒地化為森林的奇蹟

《種樹的男人》描寫一位牧羊人花了半輩子的時間在法國某處的荒野中，老實地一棵樹、一棵樹地不斷地種植，最後成就一片綠林的故事。

故事從「我」於一九一三年造訪法國普羅旺斯地區開始。在海拔一千三百公尺左右，一般旅人不會到訪的荒野中，我遇到一位名為艾爾澤爾．布非耶的牧羊人。寄宿在布非耶家的我，隔天看到他在種樹的光景。一問之下，才知道從三年前

《木を植えた男》

中譯：《種樹的男人》
作者：尚．紀沃諾（Jean Giono）
繪者：布赫茲（Quint Buchholz）
出版：あすなろ書房

開始，他就在這片荒地上開始種植柏樹。

布非耶在山下曾經擁有一座牧場，並與家人一同生活。不過，他突然失去一個兒子，不久之後，妻子也過世了。離開人群，與羊群跟狗過著獨居生活的牧羊人心想，至少我可以做一件對世人有益的工作。於是他選擇「在不毛之地播下生命種子」的工作。

他撒下十萬顆柏樹的種子，據說發芽的有一萬顆左右。聽到這話，我說：「再過三十年，這一萬棵樹木就成長為茂密的森林了。」

布非耶輕描淡寫地回答：

「假如上帝能夠再給我三十年生命的話，那就好了……。在這當中，如果我能夠一直持續種下去的話，現在的一萬棵樹也只是大海中的一滴小水滴而已呀。」

我與布非耶相遇至今已經七年了。

布非耶依舊不停地種樹。一九一〇年時種的柏樹已經十歲，早已經長得比我還高了。他種的樹木已經形成一片長十一公里、寬三公里的森林。

甚至，奇蹟從這裡不斷擴展。布非耶種的樹透過風力散播種子，而拓展了綠樹的範圍，已經乾涸的小河又開始出現淙淙流水，小牧場、菜園、花園等陸陸續續出現，村莊開始恢復生氣。

《種樹的男人》的故事還不斷地持續著，為了讓讀者享有閱讀的樂趣，我就不在此多加描述詳細內容。

最重要的是，讓不毛之地復甦的奇蹟，是源自於布非耶持續「種樹」這個小小的行動。

小習慣也會因為長時間的持續而產生大奇蹟。透過這本書，可以體驗那種感動，也充分說明了習慣所帶來的魅力。

第3章

十二個持續開關，讓你遠離失敗

配合持續的訣竅，靈活運用開關

本章將針對前面提過好幾次的「**持續開關**」，歸納整理其特色與使用方法，讓讀者可以一目了然。

請在本章中找尋可以幫助你持續習慣的開關，也可以預防在不穩定期或倦怠期中產生的失敗。

在這裡，我要簡單提醒一下，持續開關的目的在於「**提高行動的動力，建立持續的機制**」。

我必須一再重複，我歸納這些持續開關是為了讓「任何人培養任何習慣」時，都能夠應用在「持續的功夫」上。

為了讓各位讀者能夠加以應用，所以我以抽象的方式解釋具體的功夫。當讀者

靈活運用十二種持續開關

糖果型開關

處罰型開關

對應到自己培養的習慣時，請把開關轉換為創意。為了讓讀者容易進行這項工作，我在各個開關的說明之下，也列入思考重點與案例。

另外，若有以前執行過的案例也可以記錄下來，以作為日後的啟發參考。

那麼接下來，我將針對各項開關進行說明。

①糖果型開關（快感）

利用憧憬、開心、被稱讚、獎勵等快感（糖果），推動自己的開關。

開關一　獎勵　【藉由獎勵的力量突破眼前的困難】

開關二　巧妙地被稱讚　【塑造被稱讚的氣氛以提升幹勁】

開關三　遊興　【以遊興開心行動，提升自己的熱情】

開關四　理想模式　【設定理想目標，讓現在的自己更進一步】

開關五　儀式　【透過舉行小小的儀式，驅除怠惰、不舒服的心情】

開關六　除魔　【去除阻礙行動的障礙，減輕壓力】

②處罰型開關（危機感）

利用截止日期、宣言、約束、逃避懲罰等危機感（處罰），推動自己的開關。

開關七　損益計算　【投資金錢，塑造失敗就會虧損的環境】

開關八　習慣的朋友　【結交培養習慣的朋友，不容許自己安逸】

開關九　對大眾宣布　【對大眾發表宣言，打造後無退路的狀態】

開關十　處罰遊戲　【利用處罰遊戲擊退每天的辛苦、藉口、安逸】

開關十一　設定目標　【設定目標，引發達成目標的欲望】

開關十二　強制力　【透過與他人的約定、嚴苛的環境、時間限制等，逼迫自己進入不得不做的狀況】

糖果型 開關一　獎勵

［內容］

藉由獎勵的力量
突破眼前的困難

重點一　思考與習慣的連結

請優先考慮與習慣連結的獎勵吧。連結越強，促進行動的力量也越能夠發揮作用。

重點二　設定最喜歡的事物

設定培養某項習慣後，就可以得到最喜歡的東西（蛋糕、啤酒、衣服等），特別是──做到眼前的小行動效果更佳。

案例一　讀英文

（例）每週看一次自己最愛的外國電影。

案例二　早起

（例）上班前到知名飯店吃自助式早餐。

案例三　日記

（例）寫完日記就可以喝一杯啤酒。

糖果型　開關二　巧妙地被稱讚

［內容］

塑造被稱讚的氣氛
以提升幹勁

重點一　選擇對象

請從朋友、家人或同事中，選出最適合稱讚自己的人。好比，整理房間→先生or太太、戒菸→家人等，會因你的持續行動而受惠的人最佳。

重點二　請託或告知

①請對方定期稱讚自己，告知對方這樣會為自己帶來幹勁。
②自己主動要求反應（「我已經瘦三公斤了，你覺得我有沒有改變？」）。

案例一　整理

（例）請先生每天對自己說：「老婆，妳辛苦了。」

案例二　減重

（例）每瘦一公斤就問周圍的人是否有改變。

案例三　戒菸

（例）請太太每天說激勵或讚美的話。

糖果型 開關三　遊興

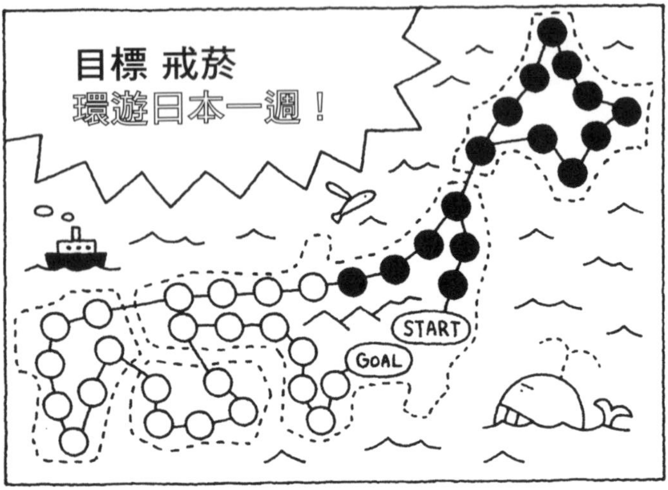

［內容］

以遊興開心行動，
提升自己的熱情

重點一　思考有趣的創意

聽音樂、薰香、訂做制服、貼標籤、以遊戲的形式進行等，請想出許多有趣的小創意。

重點二　嘗試後留下有用的創意

不適用是經常有的事。把創意依照優先順位排序並實踐，留下好的創意。

案例一　整理

（例）以快節奏的曲子提高興致。

案例二　節約

（例）以小花貼紙一項項標示出來。

案例三　運動

（例）買好看的運動服。

糖果型　開關四　理想模式

［內容］

設定理想目標，
讓現在的自己更進一步

重點一　想出理想的人物、東西

依習慣的不同，理想目標（憧憬）可能是人也可能是物品。另外，目標對象不是真實存在的人物也沒關係，只要內心希望自己成為那樣的人就可以了。

重點二　視覺化

視覺資訊可以有效觸動人的情感。利用相片或插畫等物品把理想目標視覺化。可以貼在隨時可見之處，也可以隨身攜帶，定期性地觀看，這樣效果更佳。可以上網搜尋圖片或買海報都行。

案例一　讀英文

（例）模仿美國總統歐巴馬的演講。

案例二　節約

（例）貼上三年後想買到手的房子相片。

案例三　減重

（例）貼上名模的相片。

糖果型　開關五　儀式

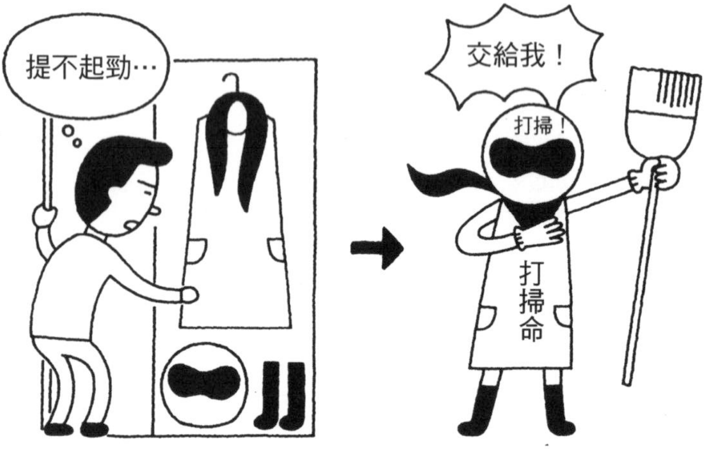

［內容］

透過舉行小小的儀式，
驅除怠惰、
不舒服的心情

重點一　設定小小的行動

開始實際行動後，人自然就會產生幹勁。請把儀式視為一個小行動，先踏出這一小步。

重點二　思考與習慣的關連性

儀式的目的在於調整心態與暖身，選擇與習慣相關的行動最好。

重點三　設定儀式使成為習慣

美國職棒選手鈴木一朗進入打擊區的姿勢就是一種儀式。在運動心理學中稱為準備動作（Pre-shot Routine）。請學習鈴木一朗那樣，設定一個固定儀式以轉換自己的心情吧。

案例一　日記

（例）花五分鐘冥想，穩定心情之後再寫。

案例二　整理

（例）穿上整理專用的制服再開始動手整理。

案例三　早起

（例）泡腳、做伸展運動之後再就寢。

糖果型 開關六　除魔

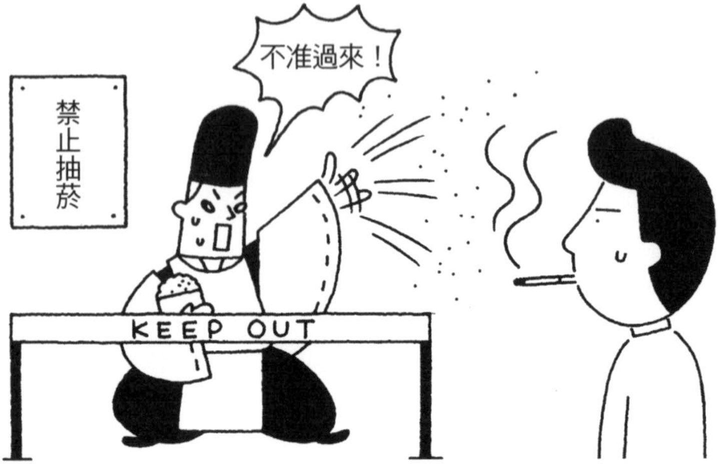

［內容］

去除阻礙
行動的障礙，
減輕壓力

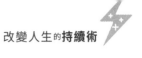

重點一　列出阻礙

請條列妨礙習慣行動的阻礙（人、活動或狀態等）。

重點二　思考解決對策

例如，假設減重的阻礙是「聚會」，那就有三種對策：
①不去　　　　（例）不參加聚會
②減少　　　　（例）減少參加聚會的次數
③想其他方法（例）就算是聚會也不喝酒

重點三　確實提出自我主張

如果別人是阻礙的話，要清楚拒絕或提出要求。讓對方瞭解狀況，請對方尊重自己的選擇。

案例一　用功

（例）把電視遙控器藏起來。

案例二　減重

（例）不參加聚會或不喝酒。

案例三　戒菸

（例）不在抽菸朋友的旁邊用餐。

處罰型　開關七　損益計算

［內容］

投資金錢，塑造失敗就會虧損的環境

重點一　下定決心投資

如果下定決心投資的話，至少我們會想回收投資的部分而持續行動。

重點二　慎選投資對象

選擇教材、學校或教練時請務必蒐集完整資訊、尋求他人的建議，以進行有效的投資。萬一投資對象錯誤，反而會加速往錯的方向前進。

重點三　有時分期付款也有效

投資除了付出的金錢之外，持續感受到負擔也很重要。採用分期付款的方式，看到每個月寄來的帳單，也會讓幹勁持續維持。

案例一　閱讀

（例）經常堆存十本書放著。

案例二　念英文

（例）購買十萬日圓的教材。

案例三　馬拉松

（例）繳交健身房一年的年費。

處罰型　開關八　習慣的朋友

［內容］

結交培養習慣的朋友，不容許自己安逸

重點一　慎選一起行動的人

選擇一起行動的朋友時，若找到「馬上就放棄」或「不遵守約定」的人，自己也會受到影響，反而造成反效果。

重點二　找支持者

選擇身邊因你的習慣培養而受惠的人，並請求對方的支援（加油者、監視者），如此就會破除自己的安逸心態。

重點三　透過教室或社團建立朋友群

如果參加運動社團或音樂教室就會找到志同道合的朋友，也能在此結交培養習慣的朋友。

案例一　閱讀

（例）參加讀書會，共享讀後心得。

案例二　整理

（例）與太太一起整理。

案例三　運動

（例）找朋友組成運動團隊。

處罰型　開關九　對大眾宣布

［內容］

對大眾發表宣言，
打造後無退路的狀態

重點一　對大眾或特定的人發表宣言

盡量向大眾宣布或者也可以只針對某些關鍵人物宣布，請依照狀況或習慣自己決定。

重點二　意識到監視點

建立監視自己的機制以避免自己偷懶。請在不同場合設置監視點並提出宣言吧。例如，若是戒菸，家裡（太太）與公司（主管、同事）兩處都需要監視點。如果沒有設立監視點，很容易就會出現偷懶或妥協的情況。

重點三　與其他的開關併用

配合「巧妙地被稱讚」、「處罰遊戲」、「設定目標」等不同開關，效果更佳。

案例一　日記

（例）在部落格對朋友宣告「每天更新」。

案例二　早起

（例）對主管、同事宣布「每天七點上班」。

案例三　戒菸

（例）對主管、太太宣布「一輩子都不再抽菸」。

處罰型　開關十　處罰遊戲

［內容］

利用處罰遊戲
擊退每天的
辛苦、藉口、安逸

重點一　下定決心處罰

不痛不癢的處罰沒有意義，請一定要重重地處罰。

重點二　與自己約定或與他人約定

處罰遊戲分為與自己約定或與他人約定兩種。與他人約定的方式比較具有約束力，不過也有的場合只適合與自己約定（如持續寫日記）。

重點三　留下契約書

若是與他人約定，就要製作處罰契約書並交給對方保管，這樣會更具有約束力，也更有效果。

案例一　戒菸

（例）抽一支菸零用錢就減半。

案例二　日記

（例）一天沒寫就要做伏地挺身三十下。

案例三　早起

（例）七點沒到公司，那天就要負責打掃廁所。

處罰型　開關十一　設定目標

［內容］

設定目標，
引發達成目標的欲望

重點一　設定大目標

五年後在美國拿到MBA學位，或是一年後體重減少十公斤等，藉由建立長期目標以提高行動的熱情。

重點二　設定小目標

設定為了達成大目標的小目標。以半年、三個月、一個月、十天區隔。建立數字或狀態的目標，這樣就可以檢驗習慣培養的效果。

重點三　與其他開關併用

配合「獎勵」、「對大眾宣布」、「處罰遊戲」、「強制力」等不同開關，效果更佳。

案例一　節約

（例）每個月存下兩萬日圓，年底去夏威夷玩。

案例二　念英文

（例）一年後TOEIC考八百分。

案例三　閱讀

（例）一個月十本書，一年讀完一百二十本書。

處罰型　開關十二　強制力

[內容]

透過與他人的約定、
嚴苛的環境、
時間限制等，
逼迫自己進入
不得不做的狀況

重點一　雇用專家

這很容易明白，就是雇用可以支援自己的專家，預約特定日期。例如與健身房的教練、英文會話的老師約時間練習。

重點二　打造有限的環境、時間

打造有限的環境、時間，建立不得不做的狀況也是一種方法。例如，若是想減少加班，就在晚上八點安排一個約會；若是整理，就在週日安排家庭聚會；若是節約，錢包裡就只放一天可花費的金額。

案例一　念英文

（例）排入私人課程預定表。

案例二　運動

（例）向長跑大會報名參加長跑比賽。

案例三　節約

（例）錢包裡只放二千日圓。

瞭解「持續」的威力　好書介紹③

鈴木一朗也在執行的「嬰兒學步」

眾所皆知，職棒選手鈴木一朗於二〇一〇年達成職棒比賽連續十年擊出二百支安打的紀錄，是在WBC（經典棒球賽：World Baseball Classic）兩度帶領日本隊贏得世界第一的知名選手。

「累積每一小步，是到達夢想境界的唯一途徑。」

《「イチローの成功習慣」に学ぶ》
中譯：《向「鈴木一朗的成功習慣」學習》
作者：兒玉光雄
出版：Sunmark 出版

說出這句話的鈴木一朗也是一位真正的「習慣達人」。無論是他的練習內容或每天的生活節奏，都已經按照一定規則地「習慣化」了。

除了他的天賦之外，正因為鈴木一朗也擁有所謂第二天性的習慣，所以他才能成為「日本球界的最佳傑作」。

以研究鈴木一朗而知名的心理諮商師兒玉光雄所著的《向「鈴木一朗的成功習慣」學習》中，介紹許多鈴木一朗的「成功習慣」。兒玉光雄對於鈴木一朗的形容如下：

「鈴木選手擁有驚人的能力基礎，而形成此基礎的就是他的習慣。他的力量或技能的原點、本質就是他的習慣。」

「以不輸任何人的非凡韌性，實踐任何人都做得到的平凡努力，這造就了天才選手鈴木一朗。」

兒玉的書中介紹一項鈴木一朗的成功習慣，若讓我來命名的話，這項習慣就稱為「總之先擊出一支安打」。

「增加安打數就是正向思考。如果這麼想的話，站上打擊區就是一種快樂。」這是鈴木一朗以前說過的話。他慣有的思考習慣是「打擊的過程中，把重心放在累積一支支的安打，如此打擊率自然就會提升。」

以「習慣化」的方法來說，這個思考習慣就是「嬰兒學步」的思考方式。我認為鈴木一朗就是先把全部的心力集中在擊出一支安打，不斷累積這樣的嬰兒學步，最後造就穩定的高打擊率與最多安打數的成果。

假設我們站在鈴木一朗的立場來看，他經常受到來自日本國人的期待，想迎合那樣的期待的話，可以想像那是何等大的壓力。

這時，如果一味地把焦點集中在成為首席打者、連續十年每年擊出二百支安打等結果，打起球來一定很辛苦。

例如，能否成為首席打者？這還要依其他打者的成績而定，自己無法完全掌控。假如也有其他打者達到四成打擊率，成為首席打者的目標就會變得更加困難了吧。

另外，如果只專注在二百支安打的結果，一支安打就只是二百分之一，這麼小的比率就不至於帶來太大的壓力。

把注意力集中在現在做得到的一支安打，管理過程，透過這樣的方式才能持續留下偉大的成果。

在這裡只舉出鈴木一朗的一項習慣，不過，《向「鈴木一朗的成功習慣」學習》這本書，介紹許多造就現在的鈴木一朗的諸多習慣，有興趣的人請務必買來看看。

第4章

任何人都能夠持續的六個成功故事

故事1

整理——透過「五分鐘整理」去除整理白癡的污名

任職於ＩＴ企業的業務員Ａ先生，從小就不擅於整理。就算現在長大成人進入社會工作了，家裡還是凌亂不堪。每天回家看到自己家裡的模樣就只能搖頭嘆息。甚至，連公司的辦公桌上也堆滿了雜亂的文件，工作效率遲遲無法提高。

Ａ先生認為，無論從時間管理面或精神管理面來看，他都應該每天整理以脫離雜亂的環境，因此試著挑戰整理的習慣。

順帶一提，原本一直都懶得動的Ａ先生之所以想開始動手整理，是因為他家現在已經處於找不到東西、連站的地方也沒有、室內充滿廚餘的味道等，完全束手無策的狀態。

另外，Ａ先生是那種只要一開始整理，就一定要徹底做完的性格，所以，他總會花上一天的功夫整理。結果，整理的時間可能需要一天或兩天，因整理所帶來的勞累反而更加強他對於整理的排斥感。

●習慣化的建議

A先生屬於平常很懶得動，非到萬不得已的時候才會開始動手整理的類型。原因在於他是完美主義的人，強烈認為「整理＝大工程」，就是這樣的想法妨礙他培養整理的習慣。

針對A先生的狀況，應付的方法是，先不要執著於結果，以嬰兒學步累積成果，破除整理就是大工程的印象。如果能夠培養**勤於整理的習慣**，不擅長整理的想法應該也會逐漸消除。

●度過反抗期（一天～七天）的方法

A先生設定的「嬰兒學步」為每天整理五分鐘。在這裡故意不限定時段，在自己方便的時間進行就好。

另外，記錄的方法是在冰箱的計時器旁邊貼上確認清單，當天如果整理完畢就填上「○」的簡單方法。

執行計劃的第一天，A先生一回到家就馬上花五分鐘整理。先把散落整個房間的髒衣服丟到洗衣機裡洗，再把桌上堆積的碗盤拿到洗碗槽裡。

動手整理之前，A先生很懷疑「五分鐘的整理會有什麼效果」。不過，一旦動手做之後，才發現整理得比自己原先想像還多。A先生堅信，**雖然只有五分鐘，但是如果每天持續進行，家裡也能夠保持乾淨整潔的狀態**。於是隔天也打起精神，早上就花了五分鐘整理。

在七天當中，雖然整理的時段各有不同，不過，因為標準訂得很低，所以因加班而晚回家的第四天、因參加聚會的第六天，也都能夠做到動手整理的目標。冰箱

A先生的習慣化計劃

內容與目標

習慣內容：每天早上從七點開始花十五分鐘整理。
目標：三個月後→在常保整齊清潔的居家與辦公室中過著舒適的生活。
三年後→提高工作效率、提升工作成果，產生自信。

●反抗期的對策
①以嬰兒學步開始
每天花五分鐘整理。
＊雖然沒有決定固定時段，不過以早上為佳。
②簡單記錄
在三十天的確認清單填上○。
＊確認清單貼在冰箱上。

●不穩定期的對策
①模式化
在早上七點～七點十五分之間執行。
②設定例外規則
疲倦或加班時：早上只花五分鐘整理，或是晚上花十五分鐘整理。
③設定持續開關
計時器、換上專用服裝（儀式）。
打開電視之前整理（除魔）。
結束後喝一杯咖啡（獎勵）。
播放喜歡聽的音樂（遊興）。

●倦怠期的對策
①加上變化
一週挑一天作為整理日。
邀請朋友來家裡玩（強制力）。
與女朋友一邊比賽一邊整理（習慣的朋友×遊興）。
②計劃下一項習慣
睡前冥想十五分鐘（消除壓力、追尋自我）。

前的確認清單順利地填上七個○。當七天過去之後，以往覺得很痛苦的整理工作，也開始變得有趣了。

●度過不穩定期（八天～二十一天）的方法

度過反抗期的A先生一進入不穩定期就同時將習慣「模式化」，設定一大早七點～七點十五分為整理整頓的時間。另外，如前面所寫的那樣，也事先決定兩個「例外規則」。

同樣地，持續開關方面則從糖果型開關中選擇四種，分別是「儀式」、「除魔」、「獎勵」、「遊興」等，善加利用提高動力的訣竅。

第八天早上六點半起床，依照計劃從七點開始整理十五分鐘。

這個時候，如果一起來打開電視看就會不想動手，所以前一天晚上就先把遙控器藏好。另外，儀式方面則設定廚房裡使用的計時器，換上整理專用的服裝，播放自己喜歡聽的可苦可樂（Kobukuro）所做的曲子《蕾》，一邊聽音樂一邊整理。獎勵部分就犒賞自己喝一杯美味的咖啡。

到了第十天，因為前一晚加班到深夜很累，早上睡到八點才起床，霹哩啪啦地急著趕去上班，所以早上就沒有時間整理。根據事先訂好的例外規則，下班回家後就花十五分鐘收拾晾乾的衣服。

就像這樣，雖然在這當中有加班或聚會等意外狀況發生，不過幸好這項計劃很有彈性，所以能夠輕鬆度過，確認清單也很順利地填滿〇。

●度過倦怠期（二十二天～三十天）的方法

終於進入最後一個階段．倦怠期。在這九天當中，A先生為了突破一成不變的模式，於是找女朋友週末兩天來家裡一起整理，把這個做法「機制化」。甚至，A先生還決定在第三十天請朋友來家裡開慶祝派對。

另外，前面雖說是整理，但也只是單純地集中在收拾方面，所以接下來就設定週六這天不整理，而是專門用來丟棄不需要的東西。結果，這樣也培養了不需要的東西必須強迫丟棄的想法。現在，家裡的東西幾乎已經減少一大半了。

就這樣，A先生度過最後的九天，能夠在乾淨的家中舉辦家庭派對了。

A先生接下來想挑戰的習慣是，在安靜的房間裡冥想十五分鐘。在忙碌的每一天，找不到穩定情緒來審視自己的時間，他覺得這是個問題。現在，他也準備好冥想用的CD，期待從明天起開始執行培養新習慣的計劃。

故事 2

學英語——利用「例外規則」減少行動的變動性

在主要零件製造廠會計部門工作的B先生，以考上CPA（美國公認會計師，也稱為USCPA）為目標，所以提高英文能力就成為不可或缺的條件。

不過，B先生的工作很忙，一星期總有二、三天都是晚上十一點以後才回到家。而且，他經常與同事一起參加聚會，就算訂下學英文的時間表，也很難持續進行。

事實上，B先生半年前就曾經試過每天念一小時的英文。

最開始的一個禮拜進行得還滿順利，但是到了第二週，工作就開始忙碌了，每天都很晚才回家，完全無法念書。雖然第三週用功了兩天，但是也完全打亂學習的節奏，到了第四週就宣告失敗。

在這麼忙碌的狀況下，想學好英文真的很困難。

B先生確實是這麼覺得。不過，取得CPA資格是他早在三年前就設定的個人工作目標。對於連考試都沒辦法考的狀態，連主管都開始關心他什麼時候才要參加考試。

為了將來的升遷，也為了提高在公司的評量成績，B先生下定決心一定要培養念英文的習慣。

●習慣化的建議

檢查B先生的生活之後發現，由於他的任何安排事項都是不確定的，所以可以說不穩定期是特別要注意的重點。

工作上有變動，安排事項也充滿不確定性。對於B先生這樣的人，要確實設定「**例外規則**」，如此就可以防止行動的變動性。在習慣化的過程中，最重要的是累積每天的行動。所以要靈活運用例外規則，以減少沒念書的日子。

還有，由於學英文的目的是考上ＣＰＡ，所以向專家請教有效率的學習方式，更能夠提高學習效果。

●度過反抗期（一天～七天）的方法

Ｂ先生事先透過網路蒐集考ＣＰＡ的英文學習資訊，並買入網路建議的教材。他的目標是利用這份教材密集式地學習。最開始的嬰兒學步階段，設定一天只讀一頁。

為了避免太過麻煩的記錄方式，他在教科書上貼了一張三十天份的記錄表，每天用功完畢就填上用功時間與讀過的頁數。

第一天念完一頁之後，因為引擎已經啟動了，所以又花十五分鐘讀了三頁。雖然十五分鐘還覺得不夠，但是由於已經決定在反抗期當中不過於勉強，所以乾脆就在此停止。結果，第二天內心反而升起期盼用功的心情。

Ｂ先生認為，**在感覺稍嫌不足的狀態下停止，也是持續的訣竅之一**。

第五天，B先生加班到很晚，晚上十一點才到家。因為感覺很疲倦，很想立刻上床睡覺。不過，不管再怎麼累，就算是讀一分鐘也好，所以就打開教科書。沒想到竟然念得很順利，最後花了十五分鐘讀完四頁。

就像這樣，第七天已經能夠持續三十分鐘用功念書。接下來B先生終於進入他曾經失敗過的不穩定期了。

●度過不穩定期（八天～二十一天）的方法

進入不穩定期的B先生停止嬰兒學步，把念英文的門檻提高到每天三十分鐘。基本模式是設定回家後花三十分鐘（目標是晚上十一點～十一點三十分）用功。另外，有時候需要加班或參加聚會，所以必須擬定例外規則。假設晚上十一點之後回家，如果是預先知道的行程，就在當天的午餐時間花十分鐘用功；若是突發狀況，則回到嬰兒學步，至少要在回家的電車上或在家裡念一頁的進度。

還有，持續開關方面則選擇「除魔」、「損益計算」、「對大眾宣布&設定目

B先生的習慣化計劃

內容與目標

習慣內容：從晚上十一點開始，花三十分鐘進行英文閱讀練習。
目標：三個月後→希望自己可以讀外文書。
三年後→取得美國CPA資格，成功升為組長。

●反抗期的對策

①以嬰兒學步開始

每天一定要翻開英文教科書，讀一頁的內容。
＊就算只讀一分鐘也好。

②簡單記錄

在教科書上貼一張三十天份的記錄表。

●不穩定期的對策

①模式化

回家後花三十分鐘用功。
＊晚上十一點～十一點半進行最為理想。

②設定例外規則

若是晚上十一點以後才回家：中午用餐時間至少要讀十分鐘（如果事先知道）／最少要讀一頁的教科書（如果事先不知道）。

③設定持續開關

不開電視（除魔）。
在教材上投資十萬日圓（損益計算）。
對主管提出宣言「一年後多益要考八百分」（對大眾宣布&設定目標）。

●倦怠期的對策

①加上變化

每週兩天閱讀莎士比亞原文書（獎勵）。
安排英文老師的私人指導課程（強制力）。

②計劃下一項習慣

培養聽英文的習慣（每天三十分鐘）。

標」等三項。這時，他已經透過網路投資十萬日圓買教材了。

第八天，他馬上對主管做出承諾：「一年後多益要考八百分」、「兩年後考上CPA」。這麼一來，自己不僅沒有退路，一下子全身也都充滿幹勁。這一天他十點回到家，順利地從十一點開始用功三十分鐘。

第九天～第十二天工作進入忙碌期。由於事先知道這幾天都會晚歸，所以B先生中午就快快把中餐吃完，在辦公桌前用功三十分鐘。

在這段期間當中，B先生深刻地體會到規則的重要性。

以前，他都被各種不同的狀況影響，行動產生不確定性，害得自己落入自我厭惡的感覺。不過，現在只是簡單地事先設定規則，就能夠毫不勉強地持續行動。第二十一天，B先生順利地完成他的學習目標。

度過倦怠期（二十二天～三十天）的方法

終於來到最後的倦怠期，B先生對於單調的教科書內容逐漸感到無趣。

因此，他設定每週兩次閱讀莎士比亞的《馬克白》原文版。另外，他也決定一週一次，請英文老師為他進行個人指導。

第二十二天，開始閱讀從網路書店訂購的《馬克白》原文版，開心地享受兩小時的閱讀時光。B先生一週有四天讀教科書，加上兩天閱讀《馬克白》原文版，透過這樣的學習方式，確實感受到加上變化的效果。

第二十五天開始安排英語老師的指導課程。B先生在這堂課請教老師平常學習的煩惱與障礙，也獲得老師適當的建議。由於課程安排一週一次，所以自然地就能夠熱衷在持續的學習。

就這樣，B先生順利地度過三十天，現在他也考慮要挑戰第二波的英文學習．聽力的習慣化。他已經巧妙地運用培養閱讀習慣時所採用的各種訣竅，擬定好計劃了。

故事3

節約——「習慣化原則」將引領你走向成功

在食品公司擔任行政職的C子小姐，為了儲存結婚基金而下定決心節省生活開銷。

不過，C子小姐每個月的薪水幾乎都花在治裝或聚餐上面，收支只是打平而已。

C子小姐想設法減少花費並把錢存下來，所以希望培養把每天的生活費控制在二千日圓以下的習慣。

事實上，C子小姐以前也曾經挑戰過節約生活，也曾經付諸行動，那時她擬定的計劃如下：

- 一天的花費低於二千日圓
- 電費控制在三千五百日圓以下
- 盡量減少參加聚餐的機會
- 治裝費一個月不超過一萬日圓
- 每個月存二萬日圓
- 填寫家庭收支簿

C子小姐是憑著幹勁一口氣起而行的類型。不過，另一方面也看得出她具有馬上就會失控的傾向。這樣的挑戰熬不過五天就宣告失敗。究竟這項計劃的問題出在哪裡呢？

●習慣化的建議

看過前述的計劃內容就知道，這是在起始點就失敗的典型案例。特別是「同時進行節約與記錄家庭收支等兩種習慣（違反習慣化原則一）」與「節約的行動規則過於複雜（違反習慣化原則二）」。

因此，這回C子小姐放棄記錄家庭收支的習慣，只把節約行動鎖定在「一天的花費低於二千日圓」上。

當然，把行動集中在影響最大的每天的生活費，這樣的效果就會影響到其他領域的節約，這也是這項行動的目標（只是，若要看清楚真正浪費的內容，持續地節約的話，就應該選擇記錄家庭收支的習慣比較好）。

●度過反抗期（一天～七天）的方法

C子小姐在嬰兒學步階段把點心費定為一週五百日圓，並且在中餐後盡量不要去超商。

以往C子小姐每天都會花五百日圓買些糖果、巧克力或是果汁等，所以光是零食方面每星期就用掉三千五百日圓。如果把這筆錢控制在每週五百日圓以下的話，一個月就可以節約三千日圓，同時也帶來飲食控制的減重效果。

另外，在記錄方面選擇**隨身攜帶的記事本並只填寫金額**。執行到一半時，為了更簡化，所以想出只要記錄早、晚錢包裡的金錢差額的簡便方法。這樣就不用花費許多功夫，而且也能夠輕鬆地每天記錄。

第一天、第二天、第三天吃完午餐後，總是有股衝動想去買零嘴，不過，還是設法忍耐下來了。

第四天為了獎勵自己的辛苦忍耐，所以花五百圓買零嘴犒賞自己，剩下的三天則成功地完全斷絕零嘴的誘惑。

度過不穩定期（八天～二十一天）的方法

進入不穩定期之後，終於要開始過著一天二千日圓的生活了。

在模式化方面，預先決定早、中、晚餐的金額也是方法之一。不過，有時候用餐也是與人交際的手段，所以只以二千日圓來做適當的分配就好（例如餐費一千三百日圓、零嘴三百日圓、飲料四百日圓等）。

如果遇到不得已超支的時候，則套用例外規則，設定「在一週的預算範圍內調整」。基本上，聚餐視為其他的預算科目。

至於獎勵方面，則設定每週一次二千日圓的午餐。

最後，為了要求自己，**每天早上出門前只放二千日圓的紙鈔在錢包裡**。透過這樣的方式就可以掌握一天的花費，在記錄時也變得比較輕鬆。最重要的是，這樣可以預防過度花費的行為。

不穩定期的第一天，也就是計劃執行的第八天，C子小姐花了一千八百日圓，這是一個良好的開端。

第十五天被主管邀去鰻魚屋吃午餐，晚上又跟同事一起吃飯，所以這天花了二千五百日圓，第一次超出預算。不過，隔天她就買超商的便當，晚上在家裡自己煮晚餐，把這天的花費控制在一千二百日圓，以跟前一天的超支相抵。幸好有彈性的計劃，C子小姐終於順利地度過不穩定期。

●度過倦怠期（二十二天～三十天）的方法

為了度過倦怠期，所選擇的持續開關為「處罰遊戲」、「遊興」等。

C子小姐的習慣化計劃

內容與目標

習慣內容：以一天二千日圓的額度過日子。
目標：三個月後→能夠存下薪水的二十%。
三年後→在夏威夷舉辦婚禮。

●反抗期的對策
①以嬰兒學步開始
一週的零食花費控制在五百日圓以下。
②簡單記錄
使用記事本記錄花費金額。
＊早上出門前錢包裡的金額減去回家時錢包裡的餘額。

●不穩定期的對策
①模式化
餐費一千三百日圓、零食三百日圓、飲料四百日圓為標準。
②設定例外規則
聚餐：列為其他預算項目。
花費超支：在一星期的預算範圍中調整。
③設定持續開關
錢包裡只放二千日圓（強制力）。
放縱日：一週吃一頓二千日圓的午餐（獎勵）。
計算一年後、三個月後、一個月後的節約效果（設定目標）。

●倦怠期的對策
①加上變化
成功做到的那天存五百日圓在撲滿裡（遊興）。
如果當週花費超出預算，隔週就不能吃零食（處罰遊戲）。
②計劃下一項習慣
挑戰減重習慣。

達到節約目標的那天，就投下一枚五百日圓的硬幣在百圓店買的豬公撲滿裡，這樣就可以看到每天節約的實際成果。

另外，如果一週花費超過四千日圓，隔週就禁止吃零食作為懲罰。

透過這些功夫以避免一成不變的生活。最後，三十天的生活費成功地控制在五萬五千日圓。

C子小姐下一個想挑戰的習慣是減重。

與五年前相比，C子小姐胖了七公斤，所以她也考慮要參考這次習慣化的各個階段，挑戰減重的身體習慣。

由於減重屬於身體習慣，必須經過三個月、四個階段的過程，才可能培養成功。詳細情形請參考下一個單元．D先生的案例。

故事 4

減重——在三個月的四個階段中，調整到不復胖的身材

在ＩＴ企業擔任系統工程師的Ｄ先生，進入公司才五年就增加了十公斤的體重。

肥胖的原因是不規律的飲食習慣以及工作壓力所導致的暴飲暴食。雖然知道減重的重要性，但是每天工作都很忙，所以總是把這件事往後延，心想：「總有一天一定要減重。」

結果Ｄ先生在公司舉辦的健康檢查時發現，他再也不能輕忽體重過重這件事了。健康檢查的結果發現「血糖、中度脂肪肝、肝功能」等三個項目都出現異常。醫生警告他：「再這樣下去，你很快就會得糖尿病。」

Ｄ先生一下子產生危機感，下定決心要把減重這件事化為習慣。

績。

事實上，D先生在三年前也曾經減重過，創下一個半月就減了八公斤的好成

D先生是那種只要幹勁一來，就一定會堅持到底的人。所以那時他每天花一個小時跑步，午餐以蔬菜為主，晚上盡量不參加聚會，並以輕食為主。

結果馬上就看得見，當時每天都很期待秤重的時候。

不過，一個半月之後，工作開始忙碌起來，每天的跑步運動就荒廢掉了。甚至，由於工作上的壓力也導致食量不斷增加。

而且，才三個月的時間他就復胖十二公斤，比減重前的體重還重。這樣的結果可真是悲慘呀。

●習慣化的建議

復胖可以說是習慣引力為了把飲食習慣與體重調回原來狀況的反抗結果。由於D先生在習慣化之前減重速度過快，導致後來產生激烈的復胖現象。其實，**只要把**

飲食控制化為習慣，就不會產生激烈的復胖現象。

D先生之所以會減重失敗有三大原因。由於過度在意體重，所以「勉強進行減重行動（違反原則一）」、「同時開始限制飲食與進行運動等兩種習慣（違反原則二）」、「沒有預先設想工作狀況的變化」。

減重就是降低體重。不過，嚴格說來，當兩種習慣有著以下的關係時，體重自然就會降下來。

●消耗熱量的習慣＞攝取熱量的習慣

不過，如果從習慣化原則來說，一次只能培養一種習慣。所以，這次只鎖定在培養攝取熱量的習慣（飲食生活）上。如果同時開始進行運動與飲食控制的話，失敗率將會提高，所以建議一次只培養一種習慣。

減重的習慣化屬於身體習慣（三個月），所以必須分四個階段（行為習慣的三階段之外，還加上穩定期）擬定計劃。重點在於遵守習慣化的三原則，階段性地完成四個習慣化階段。另外，由於計劃的目的是改變攝取熱量的習慣，所以最重要的是每天記錄攝取的熱量以掌握現狀與進度。

許多人都像D先生那樣，非得聽到人生的警鈴響起（醫師的警告）才會正視問題。不過，在事情變得嚴重之前，最重要的就是平常就應該培養健康的飲食習慣與運動習慣。

●度過反抗期（第一週～第三週）的方法

身體習慣的反抗期長達三週。

這次的目標設定一天攝取的總熱量為一千二百大卡。這是醫生根據D先生的生活狀況所建議的數字。

D先生在嬰兒學步階段設定晚餐的熱量要控制在五百大卡以下。早上與中午則沒有特別設限。

另外，他盡量挑選有標示熱量的店家或便當。如果沒有標示的話，他就參考熱量表，大略地計算並記錄下來。

第一天D先生在超商買義大利麵吃。過去幾乎不曾在意熱量的D先生，現在才知道以前攝取的熱量竟然這麼高。早餐與午餐的飲食習慣跟以往一樣，不過，一計算熱量才發現自己竟然已經攝取了三千二百大卡。

在記錄的過程中，D先生透過「**數字**」而充分瞭解造成他肥胖的原因。

在二十一天中的十五天，晚餐都能夠控制在五百大卡之內，有六天是因為聚餐或宵夜而攝取過量。

不過，這段期間的收穫是早餐與午餐攝取的熱量減少了。多虧記錄的方法奏效，D先生自然地就變得能夠控制飲食了。

●度過不穩定期（第四週～第七週）的方法

在不穩定期當中，D先生限制一天的總熱量。不過，如果一下子降到二千大卡，對於身體的負擔也很大。因此，第四週、第五週限制在一天二千六百大卡，第六週、第七週降為二千三百大卡，利用這樣的方式階段性地提高熱量攝取的門檻。

吃飯時間設定為早上七點、中午十二點與晚上七點，藉此建立固定的節奏感。另外，聚餐與假日則可適用例外規則。

接下來，設定「半年減少十公斤」的目標，並做到不勉強自己的飲食控制。「理想目標」則是**在牆壁貼上具有高人氣的藝人相片**。

第四、五週達到攝取二千六百大卡目標的天數有七成，另外三成的天數大約攝取了二千八百～三千大卡。如果該日超過攝取量，就要罰跑步三十分鐘。D先生也確實感受到他的身體已經逐漸習慣飲食控制的日子了。

第六、七週更把總熱量降到二千三百大卡。這兩週當中只有三天沒達成，其餘的日子都安全過關。

●度過穩定期（第八週～第十週）的方法

在穩定期當中，身體適應了習慣的行動，似乎能夠舒服地過日子。D先生不僅

D先生的習慣化計劃

內容與目標

習慣內容：培養一天攝取二千大卡的飲食習慣。
目標：六個月後→體重減少十公斤，健康檢查所有異常數值回歸正常。
三年後→維持六十二公斤理想體重，透過運動降低體脂肪至十六％。

●反抗期的對策

①以嬰兒學步開始
每天晚餐的熱量控制在五百大卡以下。
＊早餐、中餐不限制。
②簡單記錄
記錄早、午、晚餐攝取的熱量。
＊購買食物熱量表，記錄大概的目標。體重也要每天記錄。
＊體重計之前貼上記錄用的紙張。

●不穩定期的對策

①逐漸提高門檻
第四、五週：二千六百大卡。
第六、七週：二千三百大卡。
②模式化
早上七點、中午十二點、晚上七點用餐。
③設定例外規則
聚餐：解禁。
假日：＋二百大卡OK。
④設定持續開關
六個月減少十公斤（設定目標）。
貼上具有高人氣的藝人相片（理想目標）。
超過三百大卡那天就要跑步三十分鐘（處罰遊戲）。
聚餐只喝烏龍茶（除魔）。

●穩定期的對策

①遵守自己設定的門檻
繼續維持二千大卡的熱量攝取。
②享受小成長
把體重的變化做成圖表。
問旁人自己外表的變化（巧妙地被稱讚）。

●倦怠期的對策

①加上變化
製作二千大卡的食譜並且自己下廚做飯（遊興）。
購買減少十公斤後才穿得下的西裝（損益計算）。
②計劃下一項習慣
培養跑步的習慣。

完全達到一天攝取二千大卡的目標，也開心享受前七週的成長，所以更提高了他執行計劃的動力。

在第八週時，D先生的體重減少四公斤。當他統計前面記錄的內容並畫出圖表之後，發現一天攝取的總熱量確實下降了。身邊的人也紛紛問他：「最近是不是瘦了？」

當結果顯現出來，D先生的幹勁又更往上提升了，在穩定期的三週之間，沒有達到二千大卡的日子只有三天。

●度過倦怠期（第十一週～第十三週）的方法

終於要進入最後三週的倦怠期了。

D先生為了在這段期間加上變化，製作了一份**個人食譜**（低熱量、美味，份量適中的菜單），並且在家開火煮飯。特別是假日能夠在家裡自己做飯，不僅可以一邊享受美食一邊消除壓力，也能夠兼顧減重的目的，真是一舉兩得的做法。

另外，為了持續動力，花錢買了一套從以前就一直想買的高級西裝。這套西裝的尺寸是體重必須減少十公斤、腰圍必須減少十五公分才穿得下的大小。買這套西裝也是為了激勵自我成長，所以D先生把這套西裝掛在房間顯眼的地方。

就這樣，D先生一邊享受變化的樂趣，一邊輕鬆地度過倦怠期。

三個月之間，D先生成功地減少六公斤。其實，最大的成果是他培養了不會復胖的飲食習慣。而且，這樣的生活一點也不覺得痛苦。

如果今後他也能夠持續地保持每天攝取二千大卡的飲食習慣，那麼，接下來的三個月，他應該就能夠達到減重十公斤的目標吧。

下一個階段，D先生打算維持控制熱量的習慣，並且挑戰增加消耗熱量的習慣，現在正在計劃培養跑步的習慣。

故事5

早起——把自己與團隊的成長「視覺化」

在大製造廠上班的E先生去年才剛結婚，開始過新婚生活。不過，他與新婚妻子關係惡化這點卻讓他覺得很煩惱。

原因是E先生工作忙碌，導致夫妻兩人沒有好好相處的機會。E先生在三個月前剛升上課長的職位，幾乎每天都加班到深夜，連週末、假日也都去公司加班，夫妻倆沒有聊天談心的時間，也無法一起出遊散心。

雖然E先生在結婚前向太太保證「要以家庭為重」，但是察覺到時，才發現自己把整個人都賣給公司了。

因此，E先生決定要盡量減少加班，希望把工作移到頭腦清醒、沒有任何人打擾的清早時段以提高工作效率。

事實上，E先生在三年前就曾經受到一本書的影響，挑戰過「清晨五點起床」。不過，真正付諸行動之後，第一、二天很勉強地把自己從床上挖起來，從第三天開始就又回到七點半起床，平常的上班時間出門的習慣了。

從那時起，他就深信自己「沒辦法早起」，也放棄要求自己早起。所以還是一直過著夜貓子的生活習慣。

●習慣化的建議

培養早起的習慣有一個重點，那就是**早起一定要同時搭配早睡的對策**。如果不這麼做的話，睡眠時間太短，最後早起的計劃還是會失敗。

「早起的祕訣就是早睡」，這是非遵守不可的鐵則。所以不僅睡眠時間不能減少，一開始為了減輕身體的負擔，反而還要增加睡眠時間呢。

E先生過去失敗的原因是把「七點半起床」一下子調整到「五點起床」。甚至，他也沒有試圖早點睡，只是單純地減少兩個半小時的睡眠。這樣的做法造成精神上的負擔過大，睡眠不足也使得專注力下降而導致計劃失敗。

為了不要重蹈覆轍，這回他很重視從嬰兒學步開始，然後再逐漸地提高門檻。

另外，這次的最終目標是塑造家庭和樂的氣氛，從這個意義來說，如果擬定計劃時，也一併考慮太太的因素，這樣效果會更好。

●度過反抗期（第一週～第三週）的方法

在嬰兒學步階段，E先生設定早上七點起床，比平常提早三十分鐘。為了提早三十分鐘起床，前一天晚上最遲必須在十二點以前就寢。

第一天，E先生九點就忙完工作了，但是因為習慣作祟，躺到一點還沒睡著，隔天早上一邊揉著眼睛，勉強地在七點鐘起床。而且，第二天也一樣晚上一點才上床睡覺，隔天七點起來。

這一天因為連續兩天睡眠不足，E先生在工作中累得差點睡著了。因此，為了早點睡覺，他下班回家後就盡量不看電視，洗澡時間延長二十分鐘並且做伸展運

E先生的習慣化計劃

內容與目標

習慣內容：每天早上七點半上班。

目標：六個月後→工作效率提高三十%，每天晚上七點下班，在家吃晚飯，培養家庭和諧氣氛。

三年後→早上五點起床、跑馬拉松，與太太、小孩享用早餐。

●反抗期的對策

①以嬰兒學步開始

每天七點起床。

＊晚上十二點就寢。

②簡單記錄

每天在家裡的日曆上填上○X。

填寫上班時間與下班時間。

●不穩定期的對策

①逐漸提高門檻

第四、五週：八點上班（六點半起床）。

第六、七週：七點半上班（六點起床）。

②模式化

早上六點起床、晚上十一點半睡覺（晚上八點前下班）。

③設定例外規則

深夜回家、聚餐時：跟往常一樣九點上班。

④設定持續開關

對部下宣布上班時間（對大眾宣布）。

每週一次進行早晨會議（強制力）。

請太太配合睡覺、起床的時間（習慣的朋友）。

如果沒做到就付太太一千日圓（處罰遊戲）。

●穩定期的對策

①遵守自己設定的門檻

每天早上一定要七點半上班（六點起床）。

②享受小成長

確實感受到工作效率的提升。

把工作時間的長短變化視覺化。

●倦怠期的對策

①加上變化

讓部下也在七點半上班（習慣的朋友）。

每週一次與妻子吃自助早餐（獎勵）。

②計劃下一項習慣

培養傾聽的習慣（＊為了培養部下、促進家庭圓滿）。

動，晚上十一點就上床睡覺了。

第四天，也是第一個週六，照理說可以睡晚一點，不過，嬰兒學步強調每天執行，所以E先生與太太一樣早上七點就起床了。

E先生開始感受到早起的效果。早上多出與太太談心的悠閒時間和精神，通勤電車也因為時間很早的關係不太擁擠，壓力減輕不少。

進入第二週之後，身體逐漸習慣這樣的節奏，到了第三週，幾乎可以輕鬆地七點起床，八點半就可以在公司開始工作了。

●度過不穩定期（第四週～第七週）的方法

進入不穩定期之後就逐漸把上班時間提前。以E先生的狀況來說，目標設定第四、五週八點到公司（六點半起床），第六、七週則是七點半到公司（六點起床）。

雖然第四、五週也是反抗期，不過每週也有二、三天能在八點鐘到公司，所以感覺負擔沒那麼大。但是，到了第六、七週，六點起床就有點痛苦，第六週有三天沒有達到目標。

因此，E先生在進入第七週之前就向部下宣言：「我七點半就要到公司上班。」當著部下的面發出豪語，一下子熱情湧現，結果第七週每天都在七點半準時打卡。

就這樣，從反抗期到不穩定期總共花了七週時間，逐漸地提高門檻就不覺得那麼痛苦了。

把成長的紀錄（加班時數的演變）視覺化

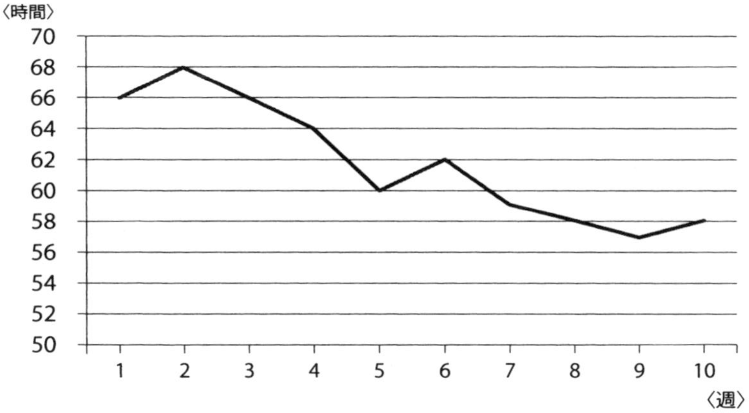

●度過穩定期（第八週～第十週）的方法

在穩定期當中，E先生確實遵守不穩定期建立的七點半上班的節奏，也享受著習慣的效果所產生的小成長。

E先生記錄加班時數減少的狀況作為成長紀錄，並且參考從反抗期就開始持續記錄的上班時間與下班時間，將兩者相減的工作時間化為圖表。

雖然每天的變化很小，效果感覺不太出來。不過，如果比較第一週與第十週的話，加班時間竟然減少「八小時／週」。如果簡單計算，一個月的加班時間就減少了三十二個小時。當然，這一個月多出來的三十二小時就可以用在家人、興趣或自我成長上了。

這種成長的感覺會引領動力的提升，所以請務必把**圖表視覺化**。為了做到這點，從反抗期開始持續記錄的工作就顯得相當重要了。

●度過倦怠期（第十一週～第十三週）的方法

終於進入最後三週的倦怠期了。

度過穩定期之後，一成不變的感覺逐漸產生。有時候E先生腦中會浮現「今天再多睡一會兒」的想法而有了偷懶的心態。

因此E先生對他所帶領的課員發起「早上七點半上班，下午六點下班」的減少加班計劃。早上七點半的辦公室裡，只有E先生帶領的課員開始工作。這樣做的效果立刻呈現，三週內全課的工作效率就提升十％，加班時數減少二十五％。

另外，E先生為了增進夫妻之間的溝通，開始每週一次帶太太去高級飯店吃自助早餐。這樣做不僅維持家庭關係的和諧，也成為持續早起的機制。

E先生接下來想培養的是傾聽的習慣。

為了在工作與家庭維持圓滿和諧的關係，E先生已經開始擬定培養傾聽習慣的計劃了。

故事 6

戒菸——利用「驅魔」的方式趕走香菸的誘惑

F先生的菸齡已經有十五年，香菸對他而言比一天的三餐還重要，所以他認為香菸對於消除壓力有很大的貢獻。

不過，二〇一〇年十月政府提高香菸稅，一包三、四百日圓的香菸漲了一百日圓，對於經濟是沉重的負擔。

另外，七個月後家裡將會有寶寶誕生，考慮到抽菸會影響家人的健康，他決定在這個時間點戒菸。

F先生以前曾經戒菸過三次，但是都宣告失敗。

第一次才戒了三天就沒辦法再忍耐，第二次雖然撐了一星期，但是由於參加部門聚會太開心，結果受不了誘惑又再度失敗。

第三次勉強持續了三週，但是因為工作進入忙碌期，壓力不斷升高，結果又得借助香菸的力量減輕壓力。

由於有過去三次的失敗經驗，F先生對於這次的戒菸計劃毫無成功的把握。

●習慣化的建議

F先生過去戒菸失敗的重點有二。

第一，要求一天要抽四十根香菸的重度吸菸者一下子完全戒掉，這樣的難度過高。香菸用在消除壓力或飯後放鬆的時點，這樣的負擔過大。

第二，沒有預先設想戒菸時導致失敗的誘惑。特別是抽菸的朋友、喝酒時香菸的誘惑以及工作上的壓力等等，這些都是戒菸失敗的主要原因。擬定習慣化計劃時，針對以上這些誘惑都應該事先想好因應對策才對。

這次的戒菸先從「**減量**」開始，在反抗期、不穩定期逐漸減少抽菸的數量。另外，針對壓力，則設定**對於飲食不設限**的對策。

一般人只要一開始戒菸，體重就會增加。如果很在意體重增加而同時進行減重的話，失敗率將會一口氣提高許多。為了消除壓力，某種程度吃些自己喜歡的食物作為獎勵，這是可以容許的，也建議應該這麼做才對。

當然，如果還有其他的減壓方法也可以採用，重要的是把消除壓力的方法從香菸轉移到其他東西上。

另外，基本上戒菸帶來的好處要以六個月後、三年後的目標來看。

相反地，如果也同時整理持續吸菸的壞處，應該更可以支持戒菸者維持動力吧。「為什麼要放棄」的理由越強，行動就越能夠持續。

●度過反抗期（第一週～第三週）的方法

由於F先生是重度吸菸者，所以從嬰兒學步開始是成功的重點。首先決定從四十根菸減到三十根菸。這樣就減掉本來不想抽菸，卻因為菸癮作祟而抽的香菸量，這應該不難辦到。

另外，記錄方式採用清點出門上班與回家時的香菸數量，把兩者的差填寫在記事本上。

第一天，可能是戒菸意識高漲的緣故，所以控制在二十五根香菸。F先生心想，若是這樣的狀況，戒菸就沒問題，於是放心地迎接第二天。不過，由於第二天非常忙碌，趁著空檔跑吸菸室的次數也跟著增加，到了下午五點已經抽了二十八根菸，剩下的兩根菸只能留著飯後抽。

第一週就像這樣不規律地分配一天的抽菸數量。不過，到了第二週就逐漸能夠平均分配抽菸的數量，順利地守住一天三十根菸的標準。

●度過不穩定期（第四週～第七週）的方法

由於進入不穩定期，所以要逐漸提高門檻。

首先是去醫院照肺部X光。看到自己的肺葉被菸燻得烏黑，一下子擔心起自己的健康狀況。於是F先生把這張相片縮小影印，放在自己的記事本上。另外，在家庭的支持力量方面，F先生請太太每天為他加油，鼓勵他戒菸，維持F先生戒菸的熱情。

第四週、第五週繼續進行戒菸，把難度提高到一天只抽十五根菸。由於這樣的數量是以往的一半，所以F先生決定在家裡就不抽菸，抽菸時間訂為早上九點到下午六點，嚴守這條規則以度過嚴格的戒菸過程。

另外，F先生也制定彈性規則，萬不得已而超過十五根菸的話，隔天就要減少菸量以作為調整。

在第四週當中，為了遵守不在家裡抽菸的規則，F先生覺得非常痛苦。不過，這當然比一整天完全不抽菸還好。如果真的想抽菸的話，就含電子菸度過菸癮發作的階段。這個電子菸對於在家禁菸的人給予很大的幫助。

這一週有聚餐，聚餐那天抽菸的數量增加到二十根，所以隔天必須減少到十根。利用這項例外規則彈性地度過意外狀況。

另外，第五週已經習慣抽菸時間以及不在家裡抽菸，所以可以完全達到只抽十五根香菸的目標。

F先生的習慣化計劃

內容與目標

習慣內容：完全戒菸。
目標：六個月後→身體變得輕盈，健康檢查的結果沒有應注意的項目。
省去抽菸的時間，工作效率提高，連帶地減少加班時間。
三年後→戒菸帶來的節約效果是省下八十八萬日圓，所以全家三人一起去夏威夷旅行。

●反抗期的對策
①以嬰兒學步開始
從一天四十根減少為三十根。
②簡單記錄
每天在記事本上記錄早、晚的香菸數。
●不穩定期的對策
①逐漸提高門檻
第四、五週：三十根香菸減少為十五根。
第六、七週：十五根香菸減少為〇～五根。
②模式化
抽菸時間：上午九點到下午六點，不在家裡抽菸。
③設定例外規則
超過的香菸數：隔天減量。
④設定持續開關
可以吃自己愛吃的東西（獎勵）。
對同事／家人發表戒菸宣言（對大眾宣布）。
請太太稱讚自己（巧妙地被稱讚）。
盡量避免聚會或不要喝酒、張貼自己肺部的相片（除魔）。
●穩定期的對策
①遵守自己制定的門檻
完全斷絕香菸。
※毫無例外，一根也不行。
②享受小成長
感受身體產生的變化。
●倦怠期的對策
①加上變化
用省下來的香菸錢買喜歡的釣竿（獎勵）。
把每天省下的八百日圓存入撲滿（遊興）。
找同事一起戒菸（習慣朋友）。
②計劃下一項習慣
減重。

第六週、第七週設定更高的難度，每天抽〇～五根香菸。總之就是儘可能不抽菸，如果無論如何都非抽不可，五根香菸是極限。

第六週每天都吸滿五根菸。不過，到了第七週，有三天是一整天都沒抽菸。這時，助跑階段終於結束。

第七週即將結束時，F先生在辦公室發表戒菸宣言，這樣就完全不會被外在環境影響。

度過穩定期（第八週～第十週）的方法

穩定期與反抗期截然不同，進入完全戒菸的狀態。F先生利用啤酒與巧克力代替香菸作為消除壓力的工具，這時他的體重增加了三公斤。不過，如果設定戒菸成功後再來減重的話，現在就不要在意體重的問題。

從反抗期開始至今八週，終於出現好的徵兆。那就是原本抽菸時喉嚨會出痰、咳嗽，現在都沒有這些症狀，身體也感覺輕盈起來了。F先生漸漸地感覺到自己的身體越來越健康。

另外，現在已經沒有抽菸時間，所以工作效率也跟著提高。如果去吸菸室吸菸的話，至少也要花十～三十分鐘或是跟同事閒聊等，現在這些時間都省下來了。

如果從這些小成長預想今後帶來的影響效果，戒菸的意願就更加提升。

到了第八週、第九週，雖然聚會或飯後還是會想抽菸，不過到了第十週，已經能夠以咖啡代替香菸了。

●度過倦怠期（第十一週～第十三週）的方法

終於要進入最後三週的倦怠期了。

在這段期間當中，為了防止自己產生偷懶的心態，也為了追求自己的成長並能夠開心地持續戒菸，所以加上一些變化。

首先與太太溝通，把買香菸省下來的二萬五千日圓拿去買釣具，作為這十週努力的獎勵。這是半年前就已經看好，一直很想買的東西。

另外，把每天省下的八百日圓香菸錢存在撲滿裡。看到原本可能化為煙霧的金錢變成實體存下來，更激發F先生戒菸的熱情。

最後擬定持續的機制，F先生邀請同部門的影山與尾崎共同加入戒菸行列，結交戒菸的朋友，以便能夠貫徹自己戒菸的目標。

就這樣，F先生終於度過最後三週。雖然有時候還是會想抽菸，不過，F先生已經不想再回到以前的抽菸生活，也有信心可以維持目前的狀態。

接下來，F先生想挑戰減重習慣。在這三個月當中，F先生增加了五公斤，超過標準體重九公斤。所以他開始擬定計劃，設法解決肥胖所帶來的問題。

世界No.1銷售高手的習慣

喬・吉拉德是雪佛蘭（Chevrolet）汽車公司的銷售員，一天最高紀錄賣出十八輛、十五年之內總共賣出一萬三千零一輛新車。從一九六六年到一九七八年退休為止，連續十二年被金氏紀錄評定為「世界No.1銷售高手」。

但是，吉拉德回顧以前的自己，認為自己是「世界第一的爛學生」。

喬・吉拉德出生於底特律商業區的一個義大利移民家庭。高中休學之後做了

《私に売れないモノはない！》
中譯：《我的名字叫Money》
作者：喬・吉拉德（Joe Girard）
出版：フォレスト出版

四十多項工作，每一個工作都被炒魷魚，連他在軍隊也僅僅服役九十七天就被除役。後來他從事營建業，好不容易事業好像上了軌道，結果卻因為事業擴展太快而面臨破產的命運。

確實，三十五歲以前的喬．吉拉德與世界No.1銷售高手的稱號毫不相干。

改變他的是「習慣」的力量。

喬．吉拉德破產後，開始在雪佛蘭汽車公司擔任推銷員，他每年都會寄出十二封信給每個客戶。

一月份的信中會寫「新年快樂，我喜歡你」，二月份的信中會寫「情人節快樂，我喜歡你」等訊息，喬．吉拉德道出他寫這些信的理由。

「收到信的每個家庭，每年有十二次機會因為我名字的出現，而產生正向的話題。我的郵寄清單裡的每個人都知道我的名字與工作。當他們需要買車時，應該會第一個就先想到我。」

乍看是一個迂迴的做法，不過這也展現了喬．吉拉德與客戶之間的互動。喬．吉拉德說：「我的十位客戶中，大約有六位不是熟客，不然就是在哪裡聽過我的名字。」總之，不是車子賣出去了，雙方的關係就結束了，而是一輩子長期交往的「長期投資」關係。每個月的信件正是維持這關係的必要投資。

喬．吉拉德還有一項習慣，就是「一天的回顧」。工作結束當晚，他都會在腦海中檢驗成交與不成交的對話內容。

「那時，最後關鍵的一句話是什麼？」、「從東底特律來的客人不買的真正理由到底是什麼？」找不到自己的過錯時，他甚至還會打電話向客戶求證。

一天的回顧這件事很簡單，任何人都辦得到。還有，傳送信件、訊息給客戶一、二次應該也不困難。不過，喬．吉拉德優於他人之處，就在於他把這個理所當然的行動昇華為習慣，徹底地持續下去。

透過非凡的持續力而不斷獲得豐碩的果實，喬．吉拉德堪稱「習慣達人」。

結語

現在立刻播下習慣的種子！

「人是被習慣所塑造的，
優異的結果來自於良好的習慣，而非一時的行動。」

這句話是本書開頭所揭示，亞里斯多德所說的話，也是本書所要傳達的宗旨。我們都是習慣的生物，培養良好的習慣就會擁有順遂的人生。我認為，正因為培養良好習慣，所以會提高工作效率、豐富人生。看起來似乎繞了遠路，其實這才是最短的捷徑。

如本書的專欄所寫的，鈴木一朗與喬．吉拉德長期地持續一項行動，並獲得世界第一；布非耶持續種樹而創造奇蹟；鮒谷先生持續七年每天發行電子報，最後產生對社會的影響力。

上述這些都是習慣大大地發揮「複利」力量的例子。我們也是一樣，能夠透過習慣而得到奇蹟所帶來的好處。

不過，在現實中，持續真的很不容易辦到。

我們會對無法持續的事說出「我本來就很容易厭煩」、「因為我的意志很薄弱」等藉口。其實，我認為**問題不在不持續的性格或意志力，而在於沒有掌握到訣竅與原則**。

還有，隨著訪問善於培養習慣的人越多，我的想法也越得到確定，並且得以完成本書。

持續某件事物時，靠的不是持續意志力或耐力。

如果能夠讓人啟動「習慣」這個自動運作程式的話，就會更自然、更理所當然，也幾乎毫無痛苦地持續下去。

我們沒有任何方法不使用這個「習慣」功能。也正因如此，我的使命就是有系統地歸納正確的理解，以及習慣化的過程與技巧。

還有，身為習慣化顧問的我也擔任企業研習、諮詢或是個人的研討、訓練等，提供個人或企業培養習慣化的能力，並支援個人或企業進行改變。

閱讀到本書最後的各位讀者一定非常清楚，本書的目的並非培養早起或考證照等個別的習慣。

培養習慣化的能力，才是本書的目的。

●擁有平衡的生活模式，人生才會全面性地擴大

人生中有工作、儲蓄、收入、休閒、健康、人際關係、生活環境等各項平衡因素，就算你想提高其中一項的品質，也是有其界限。

不過，如果一口氣均衡地提高以上各項因素，人生就會發生不可思議的轉變。

其實，如果休閒、健康以及人際關係圓滿的話，工作上的訂單也會跟著增加。

經常有人說女性如果戀愛順利，工作也會跟著順利。工作與戀愛是生活平衡的要素，所以兩者確實互有關聯。

如果想在工作上追求成功的話，鍛鍊強健體魄將會帶來相乘效果，若是希望戀愛順利並且開花結果，改善生活環境與工作狀態，將會為戀愛帶來養分。

下次有機會再為各位詳細說明。

不過，請把生活中的各個領域想像成農場，希望各位讀者以農業眼光，大量播撒良好習慣的種子。

親身實踐，培養自我風格的「習慣化」

本書是一本實踐的書。

本書的目的是培養習慣化能力，不是讀完就結束的書。所以，請**先培養出三項**

習慣。

若是行為習慣的話，三項習慣就花三個月，若是三個身體習慣就需時九個月。實踐的結果，你會發現你的習慣化「功力」會越來越強。

讀到這裡，本書也接近尾聲。原則再怎麼說都只是泛論。若是瞭解自己的讀者，應該能夠發揮應用能力，培養出自我風格的習慣化能力。當然，你也可以參考本書介紹的過程與訣竅，開始起步。

這時各位就會瞭解「習慣化」的本質。

而這也是應用能力的來源。

最後，感謝日本實業出版社的瀧啟輔先生，負責我首次出版的這本書。瀧啟先生從企劃階段就瞭解「習慣化」的魅力，也經常鼓勵我。

出版本書之際接受各方人士的大力協助、指導，在此僅列出其中一部分的人名。

谷口貴彥、Jason Durkee、影山勝巳、新井誠、木田真也、佐藤綾子、山崎啟、野村佳代、鳴原弘子、池田哲平、安藤美冬、鈴木博毅、西田沙織、柴崎選、有澤真悠子、小野正貴、高橋研、齊藤洋、藤原貴也。

在此，再度致上我誠摯的謝意。

最後的最後，感謝培育我的雙親，感謝他們包容我的任性，在此將本書獻給我的雙親。

古川武士

三年後

不穩定期	倦怠期
八天～二十一天	二十二天～三十天
被影響	感到厭煩
建立機制	加上變化
①模式化 ②設定例外規則 1. 2. 3. ③設定持續開關 1. 2. 3. 4. 5.	①加上變化 1. 2. 3. ②計劃下一項習慣

■檢視表（行為習慣）

習慣：

目標：三個月後

	反抗期
期間	一天～七天
症狀	很想放棄
方針	總之就是撐下去
對策	①以嬰兒學步開始 ②簡單記錄

三年後

穩定期	倦怠期
第八週～第十週	第十一週～第十三週
感到舒適	感到厭煩
提高標準	加上變化
①遵守自己設定的門檻 ②享受小成長	①加上變化 1. 2. 3. ②計劃下一項習慣

■檢視表（身體習慣）

習慣：

目標：六個月後

	反抗期	不穩定期
期間	第一週～第三週	第四週～第七週
症狀	很想放棄	被影響
方針	總之就是撐下去	建立機制
對策	①以嬰兒學步開始 ②簡單記錄	①逐漸提高難度 ②模式化 ③設定例外規則 1. 2. 3. ④設定持續開關 1. 2. 3. 4. 5.

Ideaman 164

改變人生的持續術【暢銷新版】

原著書名——30日で人生を変える「続ける」習慣
原出版社——日本実業出版社
作者——古川武士
譯者——陳美瑛
企劃選書——劉枚瑛
責任編輯——劉枚瑛
版權——吳亭儀、江欣瑜、林易萱
行銷業務——周佑潔、賴玉嵐、賴正祐

總編輯——何宜珍
總經理——彭之琬
事業群總經理——黃淑貞
發行人——何飛鵬
法律顧問——元禾法律事務所 王子文律師
出版——商周出版
台北市104中山區民生東路二段141號9樓
電話：(02) 2500-7008 傳真：(02) 2500-7759
E-mail：bwp.service@cite.com.tw
Blog：http://bwp25007008.pixnet.net./blog
發行——英屬蓋曼群島商家庭傳媒股份有限公司城邦分公司
台北市104中山區民生東路二段141號2樓
書虫客服專線：(02) 2500-7718、(02) 2500-7719
服務時間：週一至週五上午09:30-12:00；下午13:30-17:00
24小時傳真專線：(02) 2500-1990、(02) 2500-1991
劃撥帳號：19863813 戶名：書虫股份有限公司
讀者服務信箱：service@readingclub.com.tw
城邦讀書花園：www.cite.com.tw
香港發行所——城邦（香港）出版集團有限公司
香港九龍九龍城土瓜灣道86號順聯工業大廈6樓A室
電話：(852) 2508-6231 傳真：(852) 2578-9337
E-mail：hkcite@biznetvigator.com
馬新發行所——城邦（馬新）出版集團【Cité (M) Sdn. Bhd】
41, Jalan Radin Anum, Bandar Baru Sri Petaling,
57000 Kuala Lumpur, Malaysia.
電話：(603) 9056-3833 傳真：(603) 9057-6622
E-mail：services@cite.my

美術設計——萬勝安
內頁編排——簡至成
印刷——卡樂彩色製版印刷有限公司
經銷商——聯合發行股份有限公司 電話：(02) 2917-8022 傳真：(02) 2911-0053

■2011年12月初版
■2024年2月2日2版
定價360元 Printed in Taiwan

ISBN 978-626-318-993-5
ISBN 978-626-318-989-8 (EPUB)

城邦讀書花園 www.cite.com.tw

30NICHI DE JINSEI O KAERU "TSUZUKERU" SHUKAN

國家圖書館出版品預行編目(CIP)資料

改變人生的持續術【暢銷新版】/古川武士著；陳美瑛譯. -- 2版. -- 臺北市：商周出版：英屬蓋曼群島商家庭傳媒股份有限公司城邦分公司發行, 2024.02 240面；14.8×21公分. -- (ideaman；164)
譯自：30日で人生を変える「続ける」習慣 ISBN 978-626-318-993-5(平裝)
1.CST: 成功法 2.CST: 習慣 177.2 112021307

Idea man

Idea man